前田育徳会尊経閣文庫編

尊経閣善本影印集成

47-1

本朝月令要文

八木書店

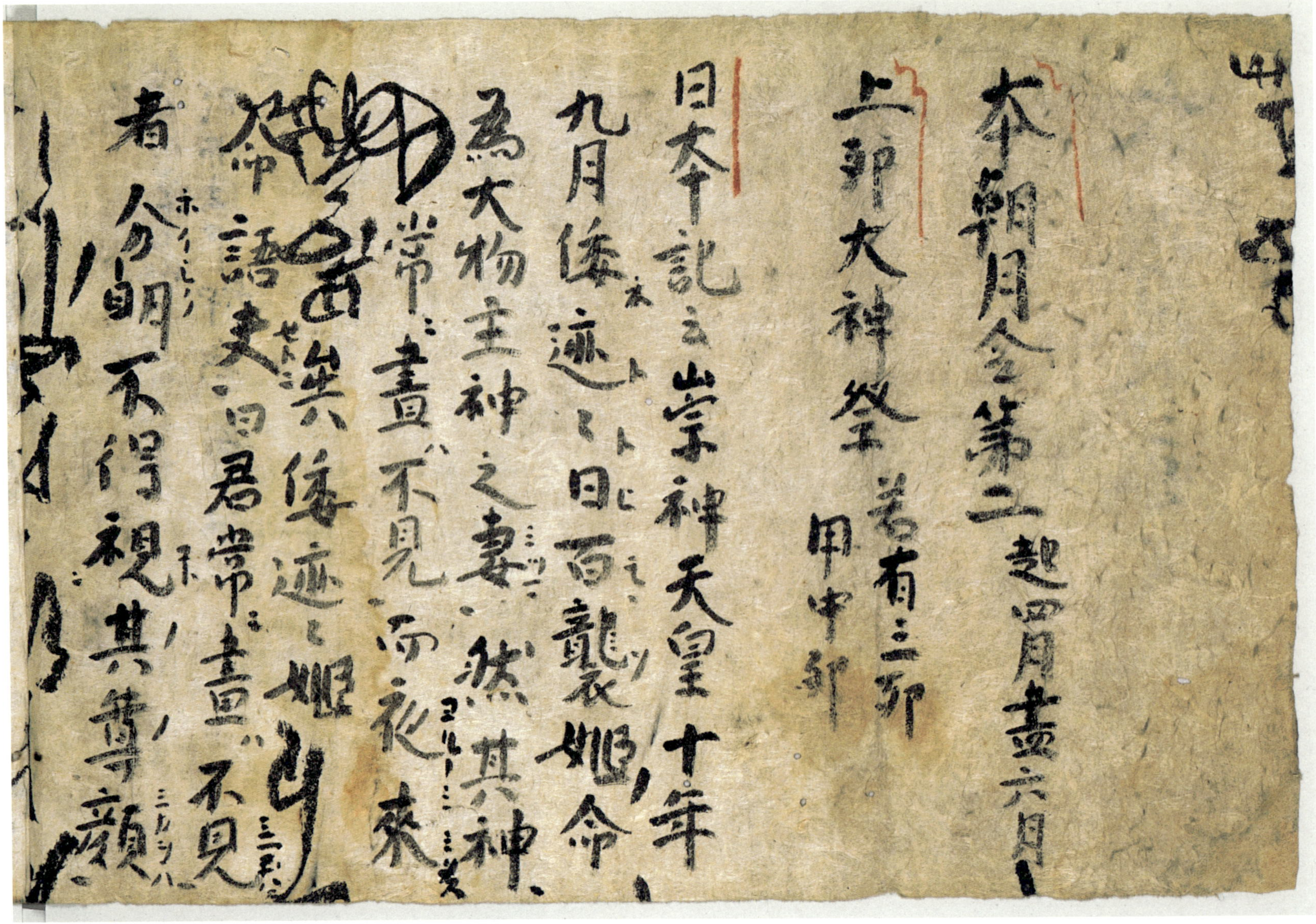

本朝月令第二 起四月盡六月
上卯大神祭 若有三卯 用中卯
日本記云 崇神天皇十年
九月倭迹迹日百襲姫命
為大物主神之妻然其神
常晝不見而夜來
倭迹迹姫
命語夫曰君常晝不見
者分明不得視其尊顔

本朝月令要文（四月） 上卯大神祭（本文四頁）

例言

一、『尊経閣善本影印集成』は、加賀・前田家に伝来した蔵書中、善本を選んで影印出版し、広く学術調査・研究に資せんとするものである。

一、本集成第七輯は、平安鎌倉儀式書を採りあげ、『内裏式』『本朝月令要文』『小野宮故実旧例』『年中行事秘抄』『雲図鈔』『無題号記録（院御書）』『春玉秘抄』『春除目抄』『京官除目次第』『県召除目記』『禁秘御抄』『局中宝』『夕拝備急至要抄』『参議要抄』『羽林要秘抄』『上卿簡要抄』『消息礼事及書礼事』『飾抄』『大臣二人為尊者儀』『任大臣次第』『大要抄』『大内抄』『暇服事』の二十三部を十二冊に編成、収載する。

一、本冊は、本集成第七輯の第二冊として、『本朝月令要文』（一冊）を収め、墨・朱二色に色分解して製版、印刷した。

一、書名は、外題に従って『本朝月令要文』とした。

一、目次及び柱は、原本記載の編目名を勘案して作成した。

一、原本料紙について、墨付で第一丁、第二丁と数え、各丁のオモテ、ウラをそれぞれ本冊の一頁に収め、図版の下欄の左端または右端に（1オ）、（1ウ）のごとく丁付した。

一、原本の包紙（墨書のある部分）・継目附近の接写・料紙に使われている反故書状の復元を参考図版として附載した。

一、本冊の解説は、吉岡眞之国立歴史民俗博物館名誉教授が執筆した「尊経閣文庫所蔵『本朝月令要文』解説」を収載した。

平成二十五年五月

前田育徳会尊経閣文庫

目次

本朝月令要文

（1オ）

本朝月令第二　起四月盡六月

上卯大神祭　若有三卯　用中卯

日本記云、崇神天皇十年

九月倭迹々日百襲姫命

為大物主神之妻、然其神

常晝不見而夜来

倭迹々姫

命語夫曰、君常晝不見

者、分明不得視其尊顔

願暫留之明旦作欲覲
美麗之威儀大神對曰
言理灼然吾明旦
入汝櫛笥而居願無驚
吾形爰倭迹迹姫命心裏
密異之
待明以見櫛笥遂有
美麗小蛇其長大如衣紐
則驚之叫啼時大神有
恥忽化人形謂其妻
曰汝不忍令羞吾吾還

（2オ）

令羞汝、仍践大虚、登于
諸山、爰倭迹姫命、
仰見而悔之急居、
則箸撞陰而薨、乃葬於
大市、故時人号其墓謂
箸墓也、是墓者日也人
作、夜也神作、故運大坂山
石造、則自山至于墓、
人民相踵以手遞傳而運焉、
時人歌之曰、飫朋佐介珥
菟藝迺煩例屢伊辭務

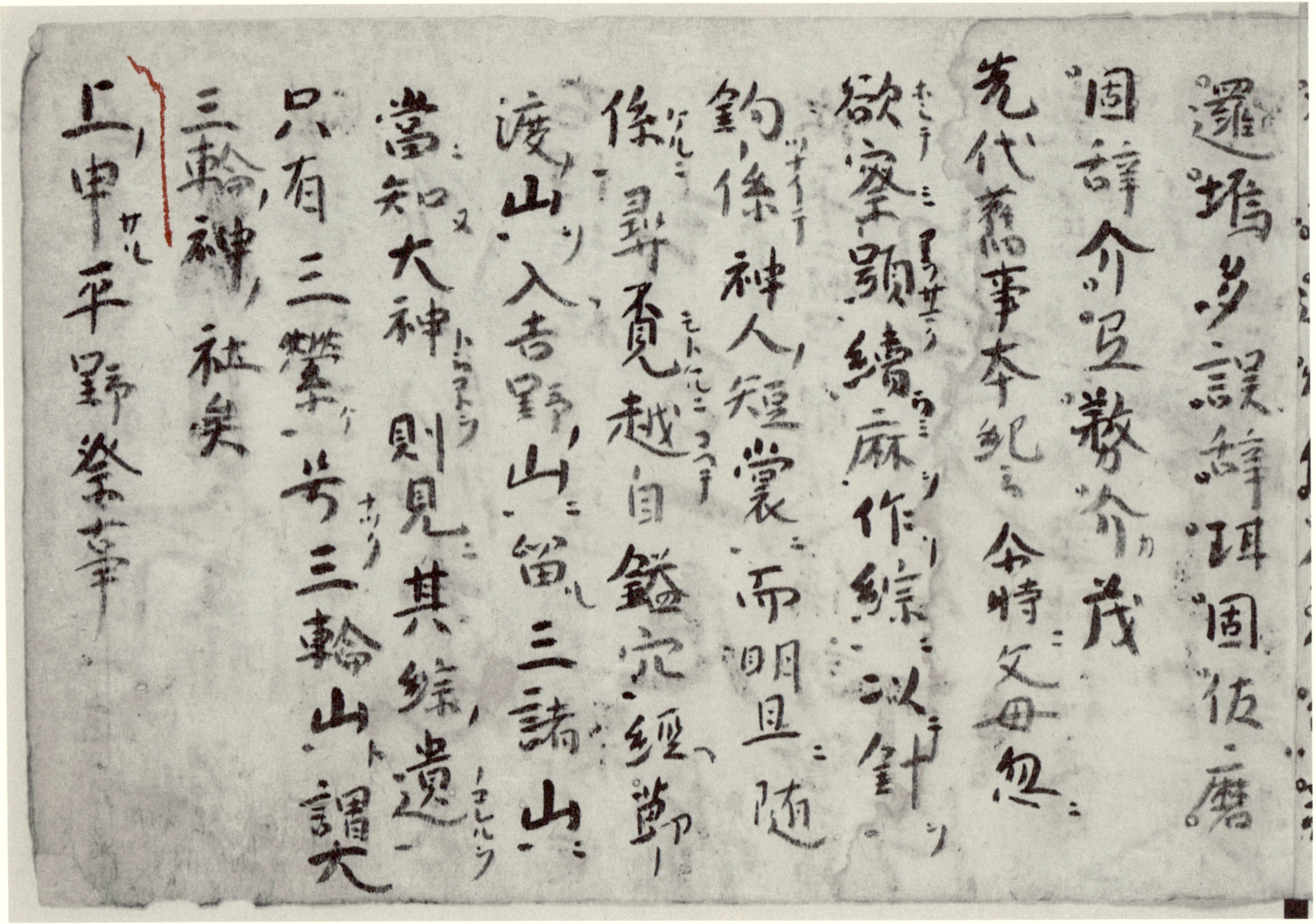
邏塢多謨辭珥固佐磨
固辭介豆藪介茂
先代舊事本紀云父母忽
欲審顕續麻作綜以針
鉤係神人短裳而明旦随
係尋覓越自鑰穴經節
渡山入吉野山留三諸山
當知大神則見其綜遺
只有三縈号三輪山謂大
三輪神社矣
上申平野祭事

（3オ）

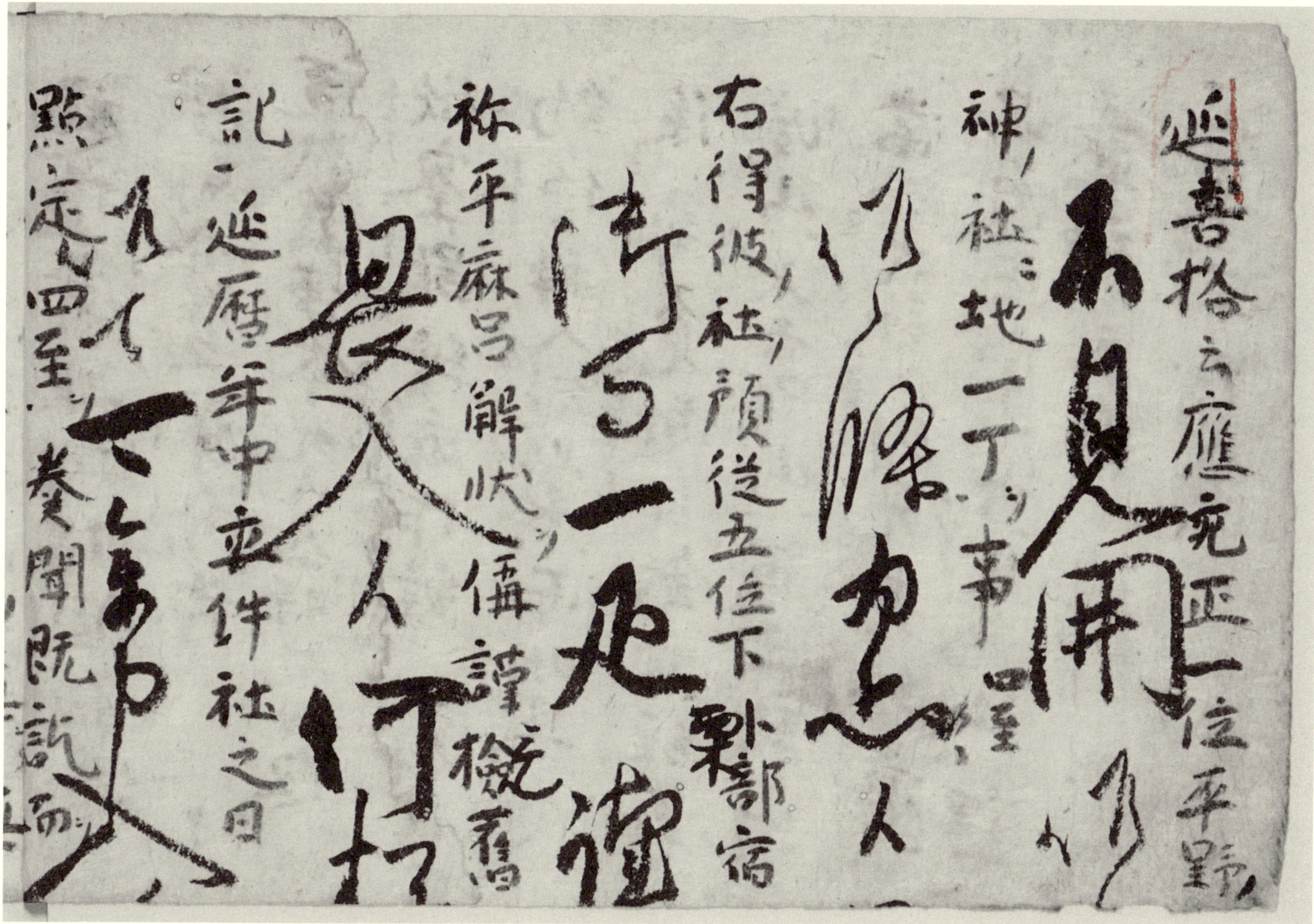
延喜拾六應充正一位平野
神ノ社ニ地一丁ッ寄四至
右得彼ノ社ノ預従五位下卜部宿
祢平麻呂解状ン偁謹検舊
記ニ延暦年中立件社之日
點定四至ン奏聞既訖而

（3ウ）

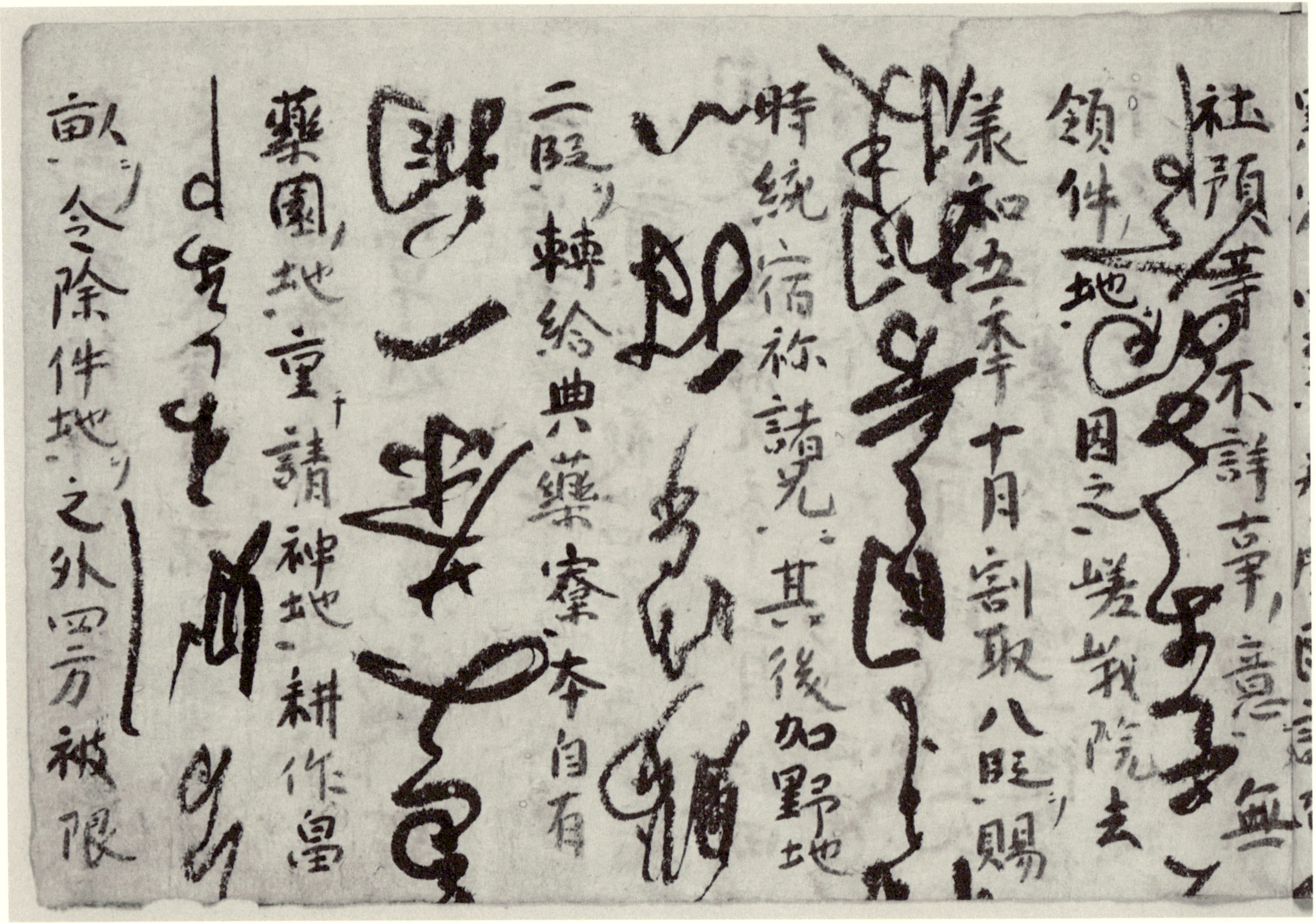

（4オ）

禁地有行神事乎、并走御馬
之處、又會集諸司貴賤車
馬填塞社邊、無道出入、望
請被早返給永爲社地、謹
請官裁者、右大臣宣、奉勅、
依請、　貞觀十四年十二月十五日
国史、延暦元年十一月、叙田
村後宮今木大神從四位上、
承和三年十一月、從四位上、今
木大神奉授正四位上、從五位
下久度古開兩神並從五位
上、嘉祥元年七月、無位合殿、

此咩神従五位下仁壽元年
十月ニ遣使者ヲ向平野神宮ニ
策命云々
貞観六年七月遣使者ヲ進
平野従一位今木神ノ階ヲ加
正一位
弘仁官式云々凡四月十一月ノ上申ニ祭
大臣若参議以上赴集或皇
太子親ミツカラ進ニ奉幣ヲ園韓神
二月十一月ノ
中ノ丑ハ春日ハ二月ノ上申ハ十一月ノ中申
楓祭四月十一月ノ上卯ハ事見ヘ神祇式ニ
貞観式云平野久度古開三神

（5オ）

令案平野ハ是惣号、非一神ニ、皆可注

今案人慶古開更加相殿比賣神一座ツ

大江相相祀申縁

国史云、延暦八年十二月皇太

后崩、以大納言藤原朝臣継縄

等九人ツ為御葬司ト、ミ

天皇服錫紵ツ避正殿ツ御ス

西廂ニ、率皇太子及群臣

挙哀ツ、百官及畿内以卅日ツ

為服期ト、諸国ハ三日、並ニ廟

所部百姓挙哀ツ、中納言藤原

朝臣小黒麻呂率誄人奉誄
上諡曰天高知日之子姫尊
皇太后姓和氏諱新笠贈
正一位乙継之女也母贈正一位
大枝朝臣真妹后先出自百
済武寧王之子純陀太子也

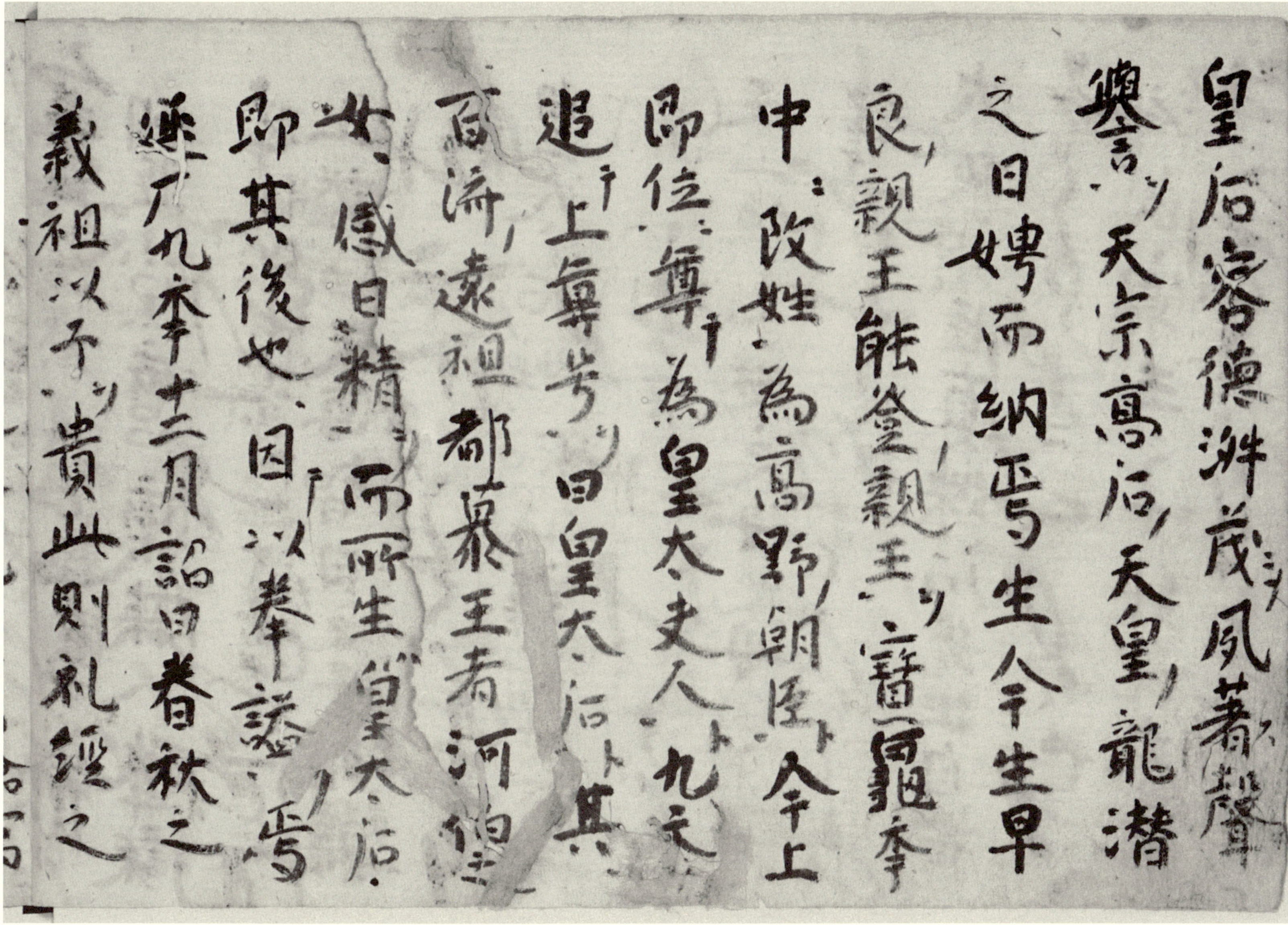
皇后容徳淑茂夙著聲
譽天宗高紹天皇龍潜
之日娉而納焉生今上早
良親王能登親王寶龜年
中改姓為高野朝臣今上
即位尊為皇太夫人九年
追上尊號曰皇太后其
百濟遠祖都慕王者河伯
之女感日精而所生皇太后
即其後也因以奉謚焉
延暦九年十二月詔曰春秋之
義祖以子貴此則礼經之

無曲帝王之恒範朕君臨寰
内十年於茲追尊之道猶
有闕如興言念之深以懼焉
宜朕外祖父高野朝臣外祖母
土師宿祢並追贈正一位其
改土師氏為大枝朝臣夫
先秩九族事彰常典自近
及遠義存曩籍亦宜
菅原真仲土師菅麻呂等
同為大枝朝臣其土師氏惣
有四腹中宮母家者是毛
受腹也故毛受腹者賜大枝

（7オ）

朝臣ニ自餘三腹者ハ或ハ従
秋篠ノ朝臣ニ或ハ従菅原朝臣
同日松尾祭事
先代舊事本紀云次大山咋神
此神者ハ坐近淡海国之
比叡山ニ亦坐葛野郡之松
尾ニ用鳴鏑ヲ神也
国史云承和十四年六月霖
雨止息ニ先是左相撲司代

葛野郡家前槻樹作大
蓋。有崇由是奉幣及
蓋於松尾大神中以祈謝蓋
牛皮十一張
一百六張
口傳云松尾社祢宜秦真是
祝秦奧主依祀用大蓋輪鐵
解却是任奧主之男奉
大膳職掌一人沙祢住神宮
寺也。真是無子。初深草天皇

（8オ）

之御時ニ伐葛野郡四方之樹
木ヲ作相撲司之大皷ニ明神
忿怒譴宣云此樹ト者秋時ニ
来遊之木也而伐取不可然ス
木因人多死去也行事官人
墜馬傷身ヲ時ノ人云崇祥云
年ノ洪水為流カ彼栈ヲ所出突
也神明之崇猶不休止奉為
出家数く有親現コト遂奉
彼皷ヲ進神ノ社ニ其皷経年ノ
破損更真足無主竊ニ取彼ノ
輪鐵ヲ作雑釘馬秋鉎等ニ

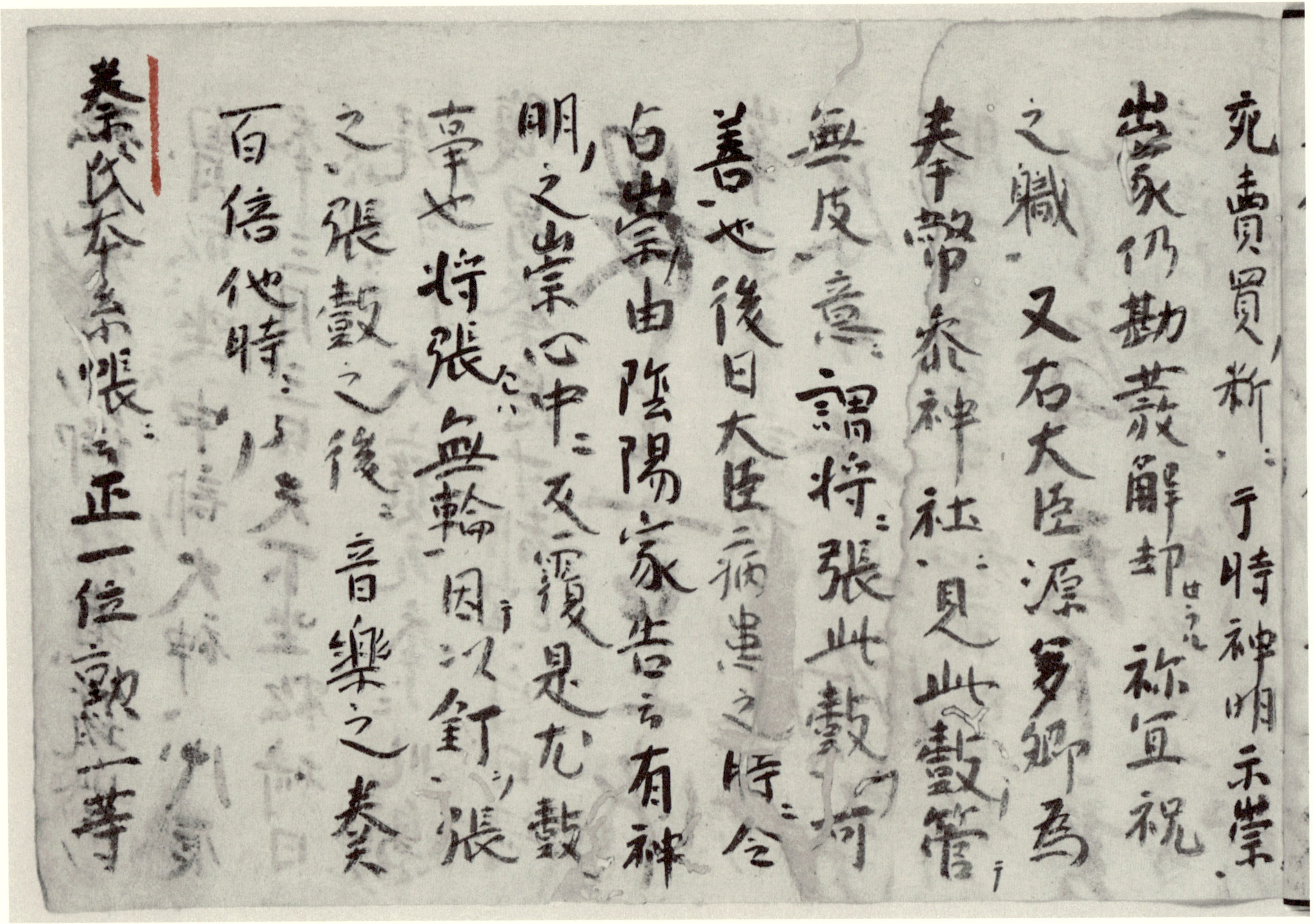
充責買斷、于時神明示祟、
出家仍勘蓍解却祢宜祝
之職、又右大臣源多卿為
奉幣參神社、見此數箇
無皮意、謂將張此數箇
善也、後日大臣病患之時、令
占、出家由陰陽家告云有神
明之祟、心中ニ反覆是尤數
章也、將張無輪因以釘ヲ張
之、張數之後、音樂之奏
百倍他時、
秦氏本系帳云、正一位勲一等

（9オ）

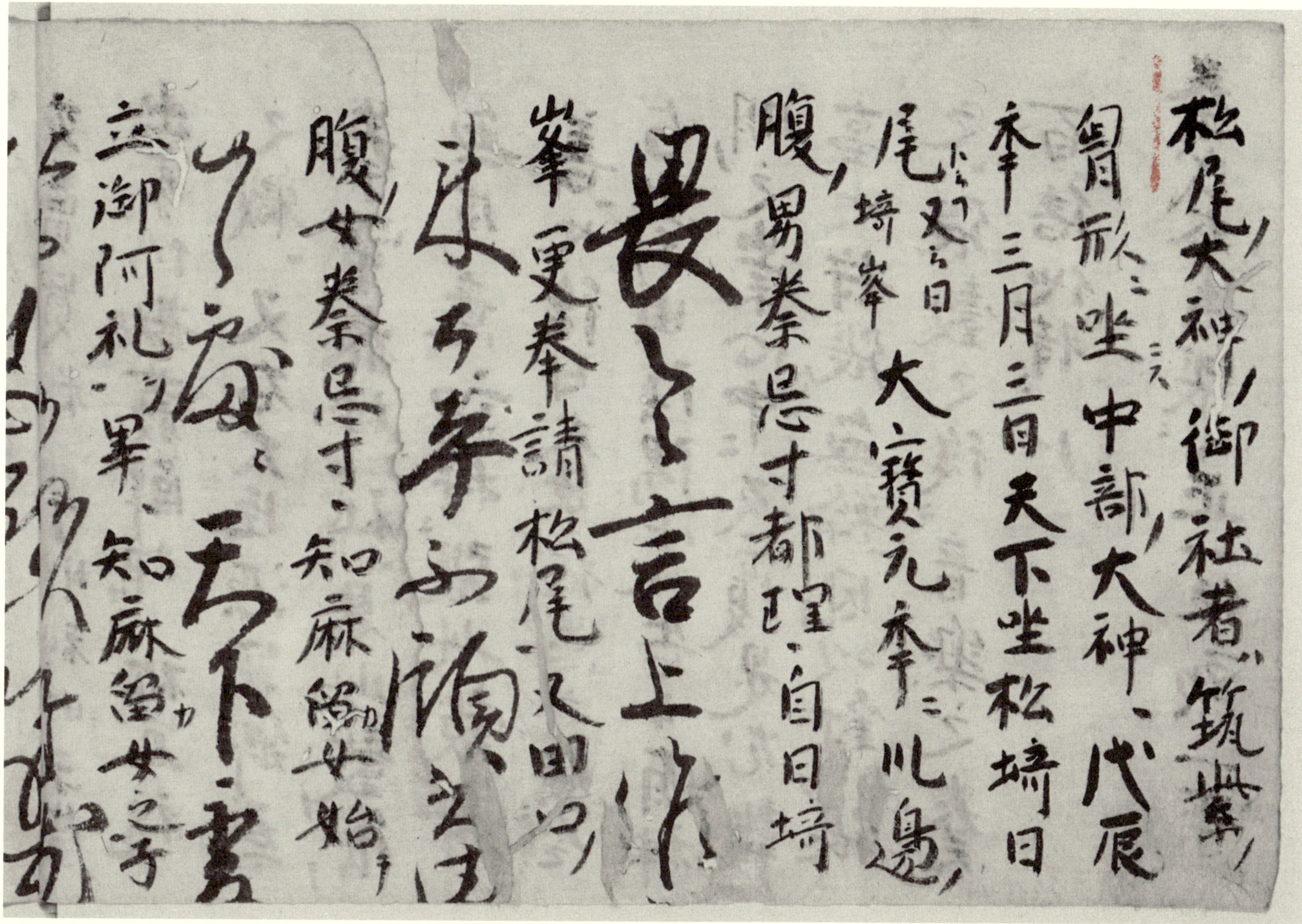
松尾大神ノ御社者筑紫ノ
胸形ニ坐ス中部大神ノ戊辰
年三月三日天下坐松埼日
尾又云日埼峯大寶元年ニ川邊ノ
腹男秦忌寸都理ヽ自日埼
峯更奉請松尾ニ又田口
腹女秦忌寸ヽ知麻留女始
立御阿礼ヲ畢ヽ知麻留女之子

(9ウ)

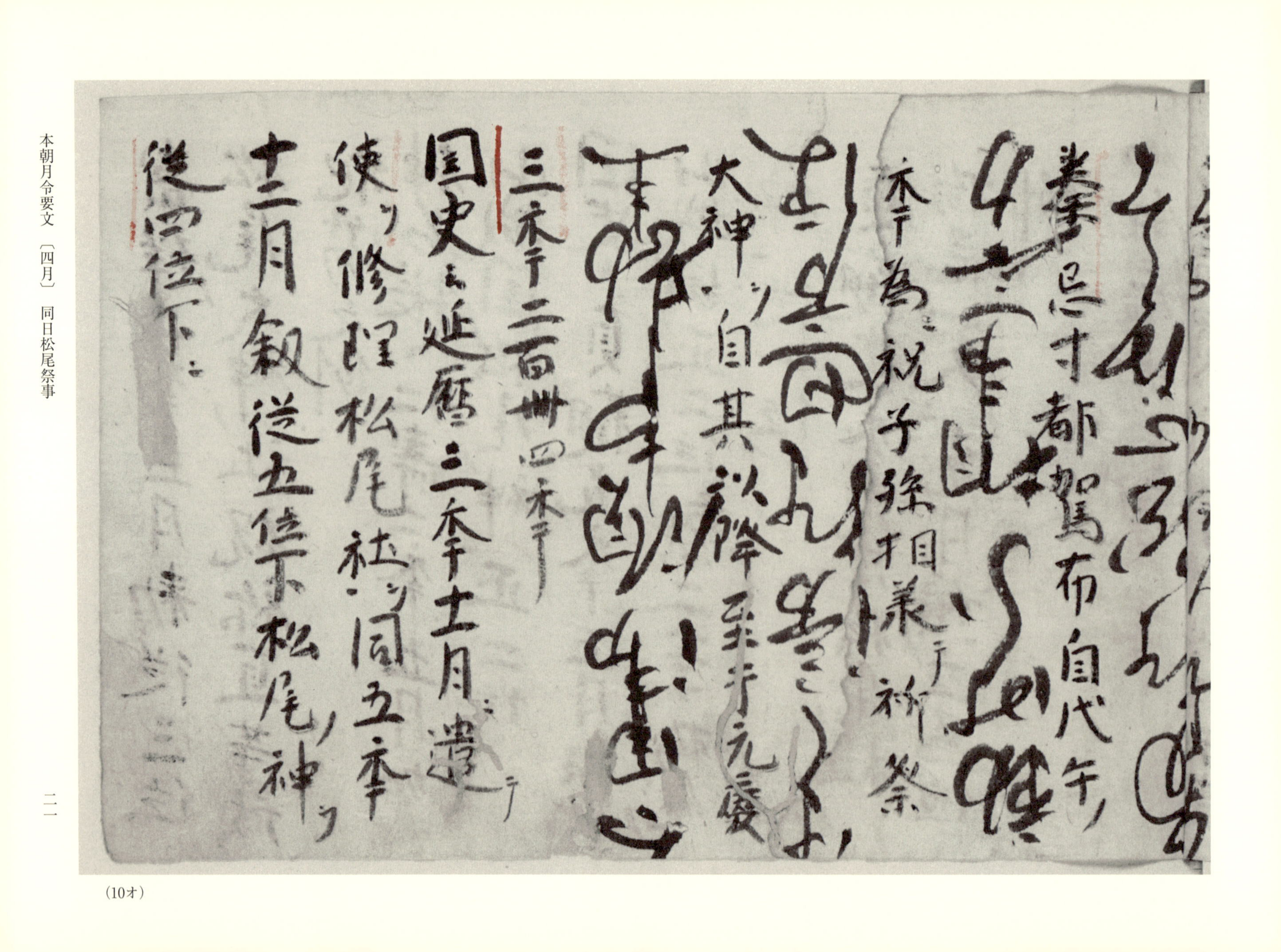

秦忌寸都駕布自戊午ノ
秊為ニ祝子孫相承テ祈祭
大神ッ自其以降至于元慶
三秊二百卌四秊
国史ニ云延暦三秊十一月遷テ
使ッ修理松尾社ッ同五秊
十二月叙従五位下松尾神ッ
従四位下ニ

（10オ）

嘉祥二年二月勅従三位
松尾大神社祝禰宜等預
把笏之例。
神名帳云、仁壽二年五月ニ加
山城国松尾神正二位
国史云、貞観元年正月加
山城国正二位勲二等松尾
神ニ従一位ヲ。
貞観十二年八月松尾社
物忌一人ニ宛月粮ヲ立為恒
例ト。
四日ニ廣湍龍田祭事

日本紀曰天武天皇四年三月遣
小紫美濃王小錦下佐伯
連廣足ヽ祠風神ヲ于龍田ノ立
野ニ遣小錦中間人連大蓋大
中曽祢連韓犬ヲ祭大忌神ヲ
於廣瀬河曲ニ
神祇令云大忌祭　謂廣瀬龍田ノ
二ノ祭也令山谷
水ヲ変成甘水ニ浸潤苗稼ヲ得
其全稔ニ故有此祭
風神祭　亦謂廣瀬龍田ノ二ノ祭也欲令
除風不吹稼穡滋登故有此祭
弘仁式云大忌祭一座　廣瀬社　七月准此
風神祭一座　龍田社　七月准之　又々九大忌

（11オ）

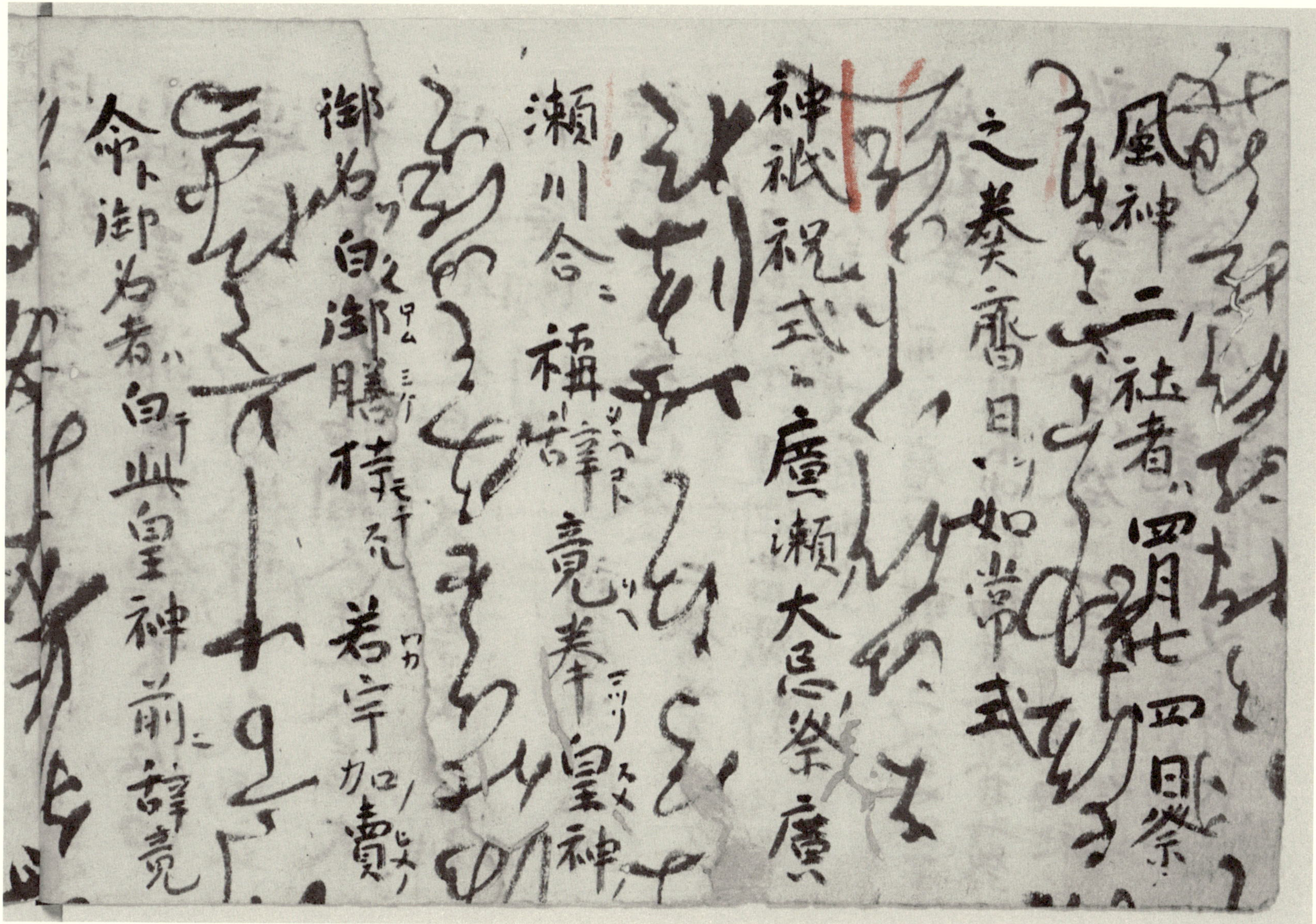
風神二社者、四月七月四日祭
之奏齋日如常式
神祇祝式ニ廣瀬大忌祭廣
瀬川合ニ稱辭竟奉皇神
御名ヲ白御膳持若宇加賣
命ト御名者ハ白皇神前ニ辭竟

(11ウ)

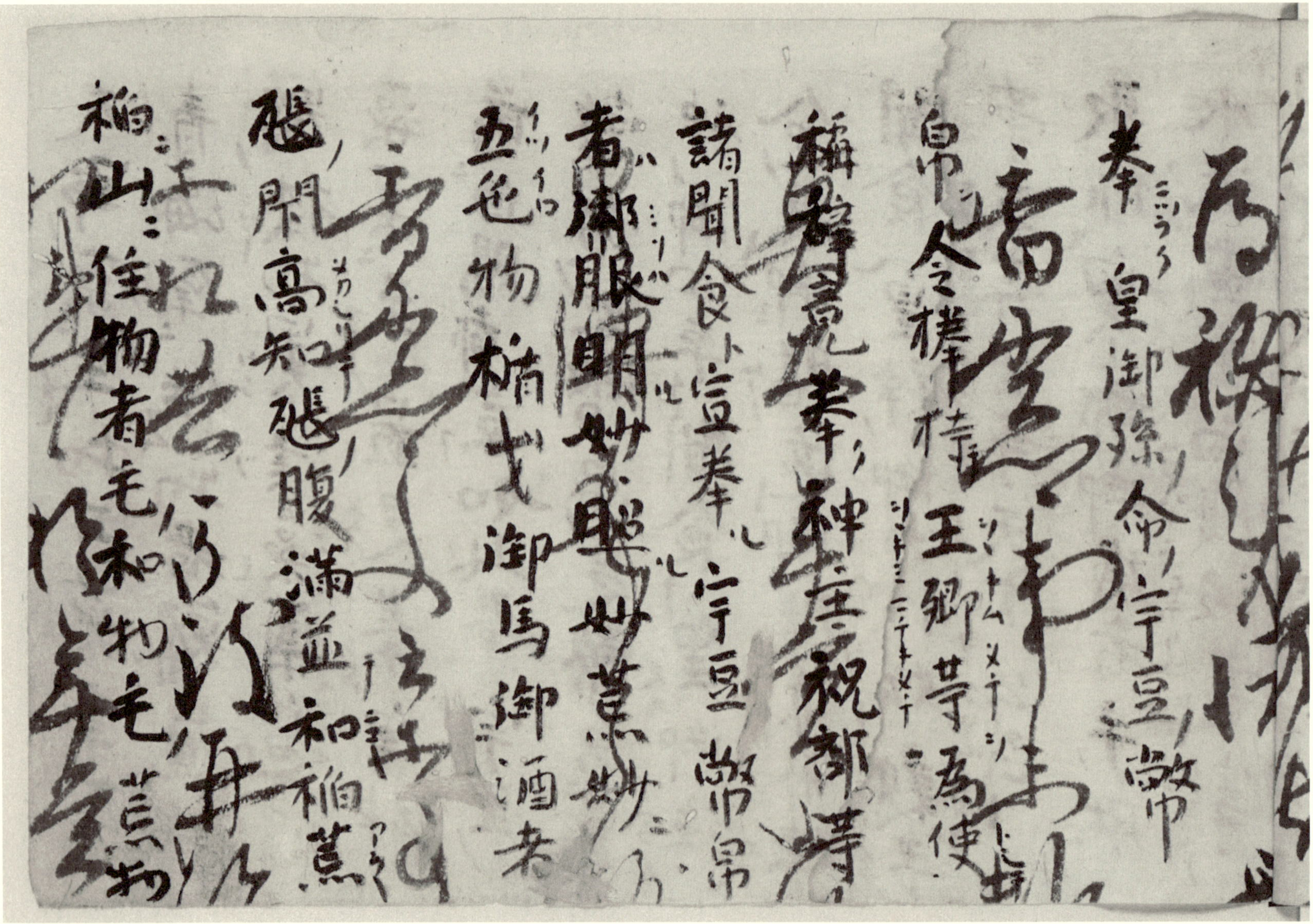
奉皇御孫命ノ宇豆ノ幣
帛ヲ令捧持王卿等為使
稱辭竟奉ル神主祝部等
諸聞食ト宣奉ル宇豆幣帛
者御服明妙照妙和妙荒妙
五色物楯戈御馬御酒
甕ノ閉高知甕ノ腹滿並和稲荒
稲山ニ住物者毛和物毛荒物

（12オ）

大野ノ原ニ生物甘菜辛菜
青海原ニ住物者鰭ノ廣物
鰭ノ挟物奥津藻菜邊津
藻菜ニ至置足奉皇神
前ニ白賜都宣如此奉宇豆ノ
幣帛ヲ安幣帛ノ足幣帛ニ皇
神ノ御心平ク聞食皇御孫
命ノ長御膳遠御膳赤丹穂ニ
聞食皇神ノ御刀代始親王
等王等臣等天下公民
取作奥都御歳者手肱ニ
水沫畫垂向股泥畫寄
又野ノ

取持作奧都御歳八束
穂皇神成幸賜者初穂
者汁頴千稲八十稲刈
居如横山打積置奉
奉皇神前白賜宣

龍田風神祭

龍田稱辭竟奉皇神前白
志貴嶋大八州国知志皇御
孫命遠御膳長御膳赤丹
穂聞食五穀物始天
下公民作物草葉
至不成一年二年不在歳

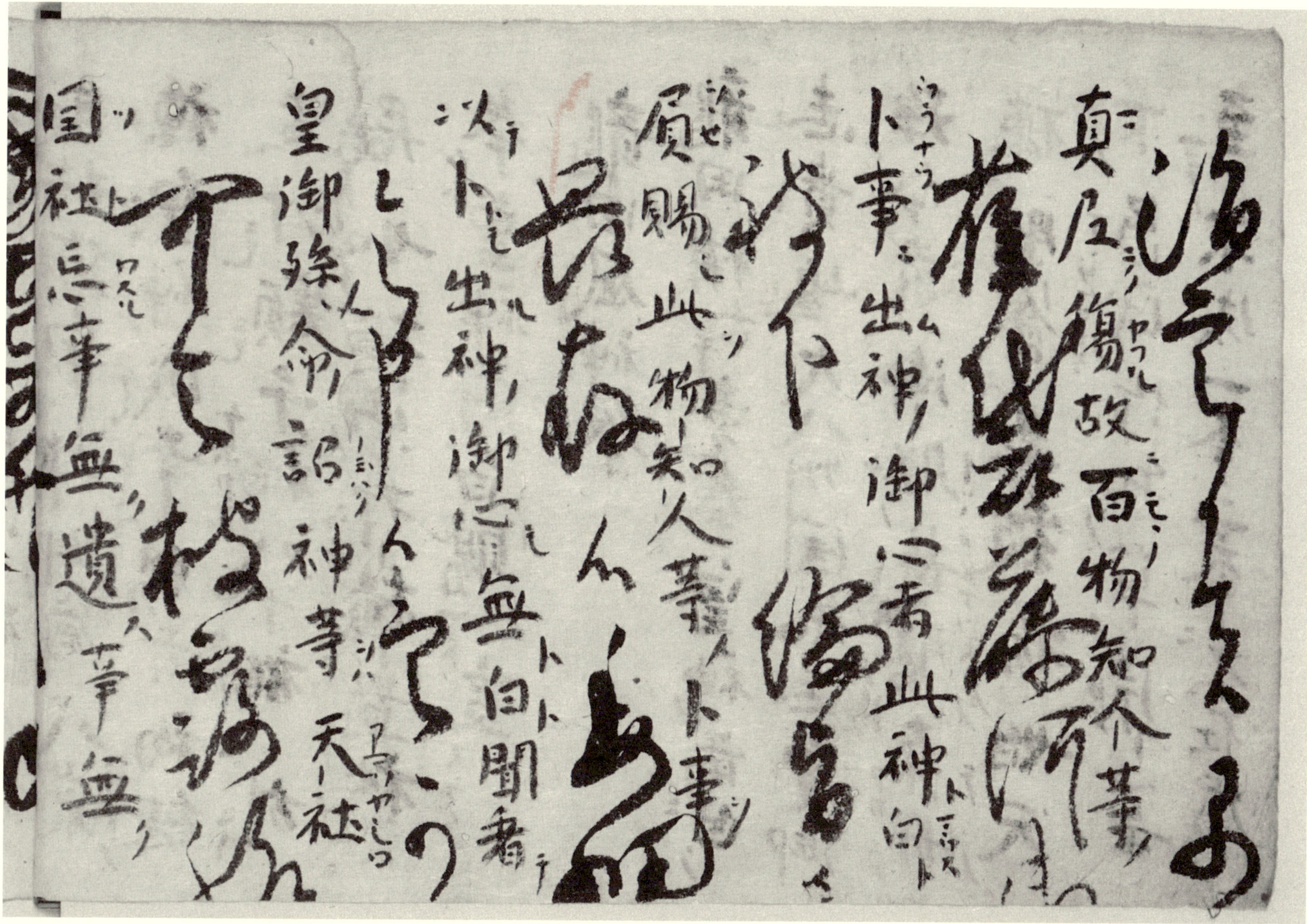
真臣ニ復故ニ百物知人等ノ
卜事ニ出神ノ御心者此神ト白
賜ニ此物知人等ノ卜事ニ
次ニ人卜ニ出神ノ御心ニ無白聞看
皇御孫ノ命ノ詔ノ神等天ノ社
国ツ社ト忘事無遺事無

(13ウ)

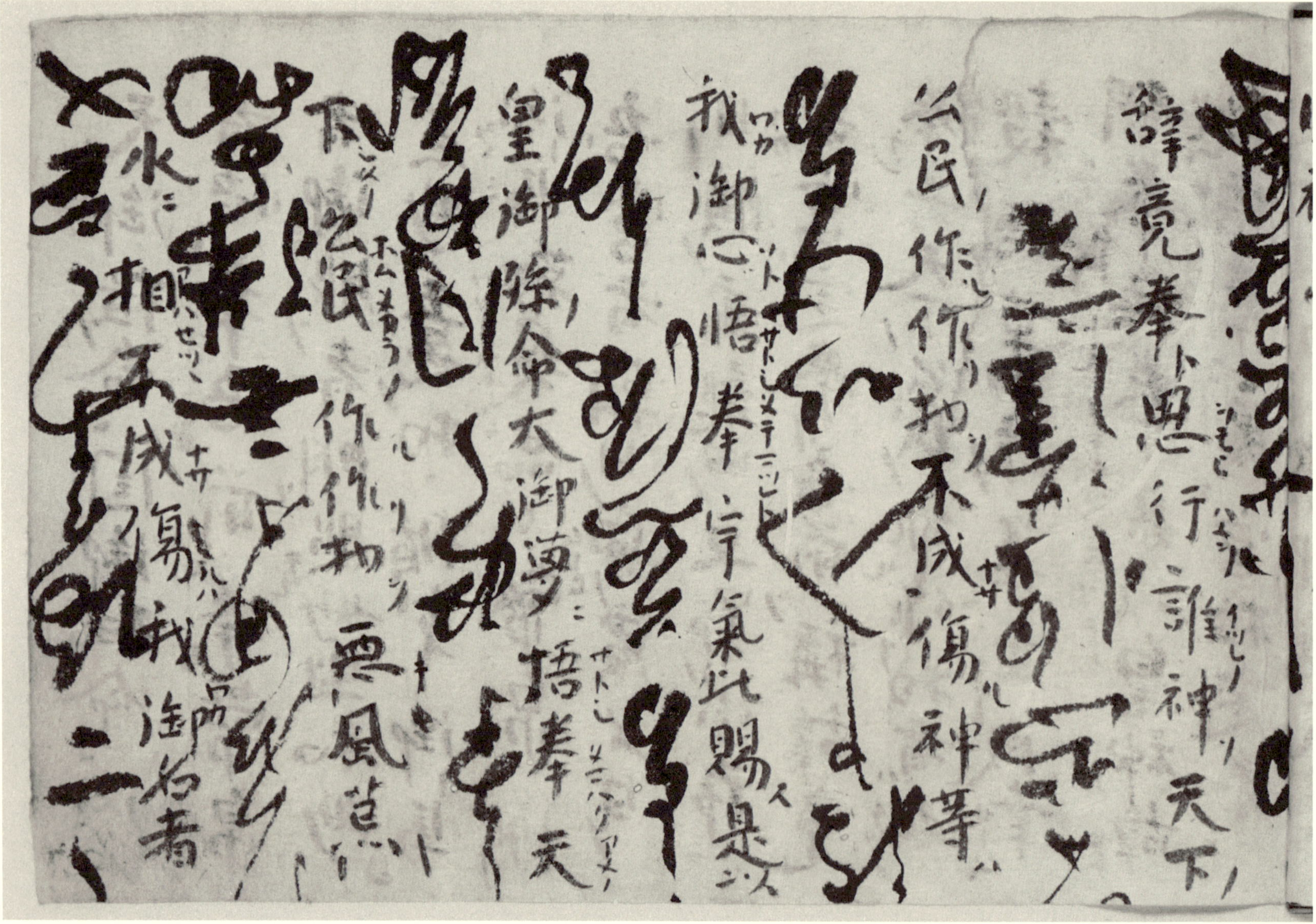
辞竟奉ト思行
公民ノ作リ物不成傷神等ハ
我御心ト悟奉宇氣比賜是
皇御孫命大御夢ニ悟奉天
下公民ノ作リ物悪風荒
水ニ相不成傷我御名者

（14オ）

天御柱ノ命、国御柱ノ命ニ御名ハ
者悟ミ奉吾前ニ奉ム幣帛
者御服明ル照妙和妙
荒妙ノ五色ノ物、楯戈御馬ニ
御鞍具ヘテ品々ノ幣帛備テ
吾宮者朝日ノ日向処夕日ノ
日隠ノ処ノ龍田ノ立野ノ小野ニ
吾宮ハ定奉テ吾前ニ稱辞竟
奉者天下ノ公民ノ作ル作リ物者五ツ
穀ヲ始テ草ノ片葉ニ至ミテ成幸
閇奉悟奉是以皇神ノ辞
教悟奉處ニ宮柱定奉テ
[illegible]

山皇神前稱辭竟奉皇御
孫命宇豆幣帛令捧持
王・卿等爲使稱辭竟奉
皇神前白賜事神主祝部等
諸聞食宣
国史云嘉祥三年七月龍田天
御柱命神国御柱命神若
宇加賣命神並加従五位上
仁壽二年十月加大和国御歳
神正二位若宇加賣命神天
御柱命神国御柱命神並
加従三位

中酉賀茂祭事
秦氏本系帳云
正一位勲一等賀茂大神御社
賀茂者日向曽之峯天降
坐神賀茂建角身命也
神倭石寸比古之御前立上
[redacted]坐而宿坐大倭葛木山
立峯自彼漸遷至山代
国罡田之賀茂随山代河
下坐葛野河与賀茂河所會
立坐見廻賀茂川而言雖
狭小然石川清川在
仍号曰石川瀬見小川

仍号曰石川瀬見小川

進上

自彼川上定坐久我国之北
山基従尒時名曰賀茂也
建角身命娶丹波国神伊
賀古夜日売生子曰玉依
日子次曰玉依日売於石
川瀬見小川遊為時丹
塗矢自川上流下乃取
挿置床辺遂感孕生
男子至成人時外祖父建
角身命造八尋屋竪八戸
扉醸八腹酒而神集集

（16オ）

而七日七夜樂遊然与子
諸言汝父将思人令飲
此酒即挙酒坏向天為祭
分穿屋甍而升天乃因
外祖父之名号賀茂別雷
命所謂丹塗矢者乙訓郡
社坐大雷命在賀茂建
角身命也　丹波神伊賀古夜
日賣也玉依日賣也三柱神
在蓼倉里三井社坐也妹
玉依日賣今賀茂縣主
等遠祖也其祭祀日乗馬
先志貴嶋宮御宇天皇之

其逐祀也其祭祀日乗馬
先志貴嶋宮御宇天皇之
御世天下挙国風吹雨零
于時勅卜部伊吉若日子人
令卜乃賀茂神崇也撰四
月吉日馬繋鈴人蒙猪
獣而駈馳以為祭祀能令
禱祀因之五穀成就天下
豊年乗馬始於此也
又云秦氏女子出于葛野河
澣濯衣裳時有一矢自上流
下女子取之還来則置於
戸上於是女子無夫懐妊既而

（17オ）

生男子也父母嫌之責問云
女子答云不知再三詰問雖経
日月遂云不知父母以謂雖
然無夫而無生子之理也
我家淮来近親眷属隣里郷
七月吉日
党之中其夫應在因茲弁
備大饗食招集諸人令
彼児執盃祖父母命云
父思人可献之于時此児
不省衆人仰観于天背卿
二天昇去要為雷公

不指衆人仰而指戸
上之矢即便為雷公折破
屋棟升天而去
故鴨上社号別雷神鴨下
社号御祖神也戸上矢者松
尾大明神是也是以秦氏奉
祭三所大明神而鴨氏人
為秦氏之聟也秦氏為
愛聟以鴨祭譲与之故
今鴨氏為禰宜奉祭此其
縁也鴨祭之日楓山之葵挿
頭当日早朝松尾社司等

（18オ）

令賷插頭料ヲ參候内藏
寮祭ノ使既來置楓山葵ヲ
於庭中ニ訖戸申使等ニ各
插頭出立祢宜祝等賜禄物ヲ
又走馬進衛二人捧謝幣ヲ
与祢宜倶參松尾ノ神ノ社ニ是
乃父母子愛之義芬芳ト
永存之心也
右官史記ニ云天武天皇六年二月
丙丁ニ令山背国ヲシテ營賀茂ノ
神宮ヲ
神祇令ニ云天神地神官皆依
常典ニ祭之義解ニ云天
神者謂伊勢山城鴨住吉

崇[illegible]典[illegible]祭之[illegible]幣帛之[illegible]
神ノ謂伊勢山城鴨住吉
出雲ノ国ノ造斎神等ノ類
国史云文武天皇二年三月
禁山背国賀茂祭日会衆
騎射　和銅四年四月詔賀
茂神祭日自今以後国司毎
年親臨検察焉
神亀三年三月衆人会集
一切禁断　天平十年四月任意
祭之　天応元年四月令賀
茂神二社祢宜祝等始把笏
又或記云　延暦十二年癸酉北
野山中天皇行幸而諸臣

（19オ）

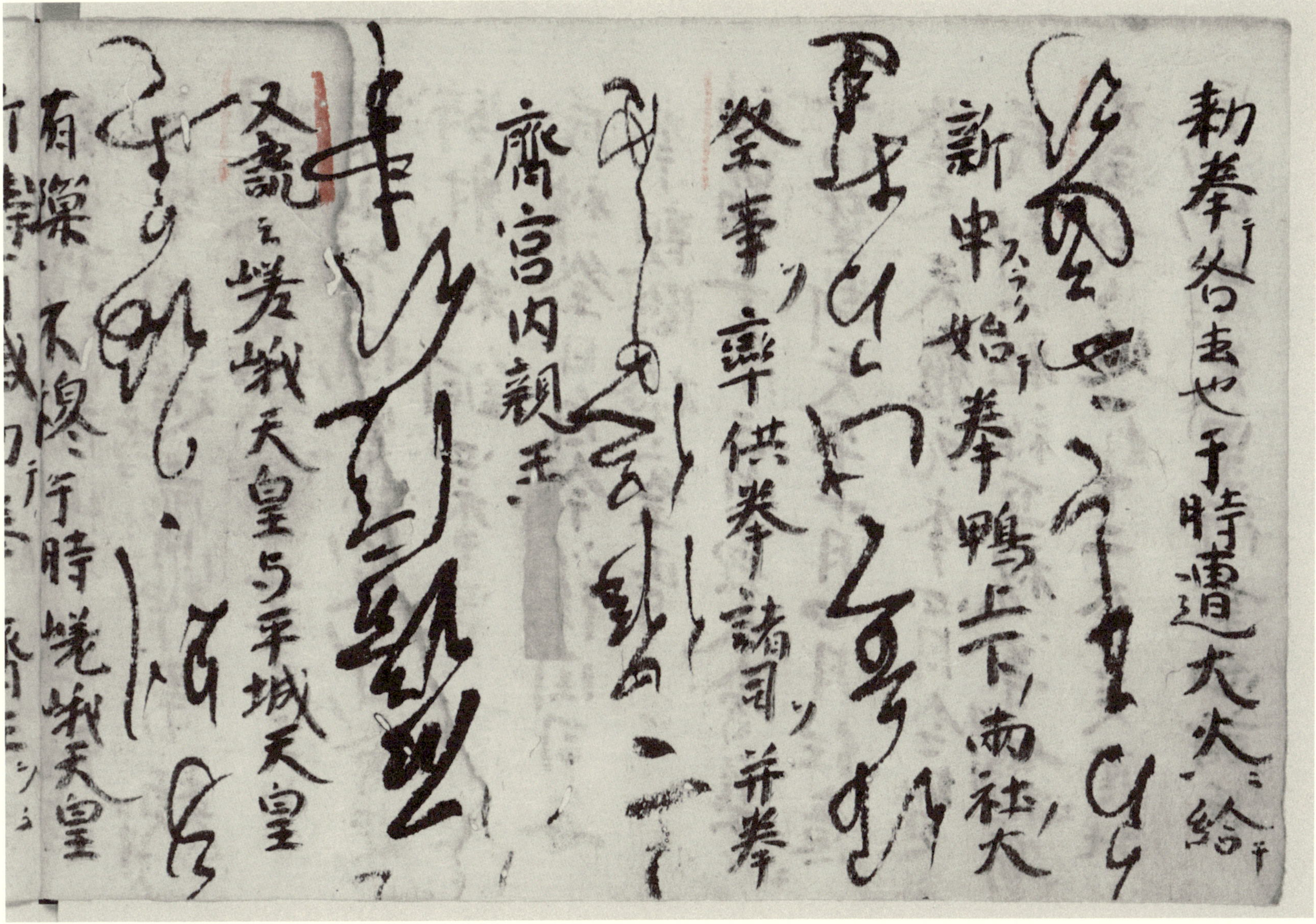

（19ウ）

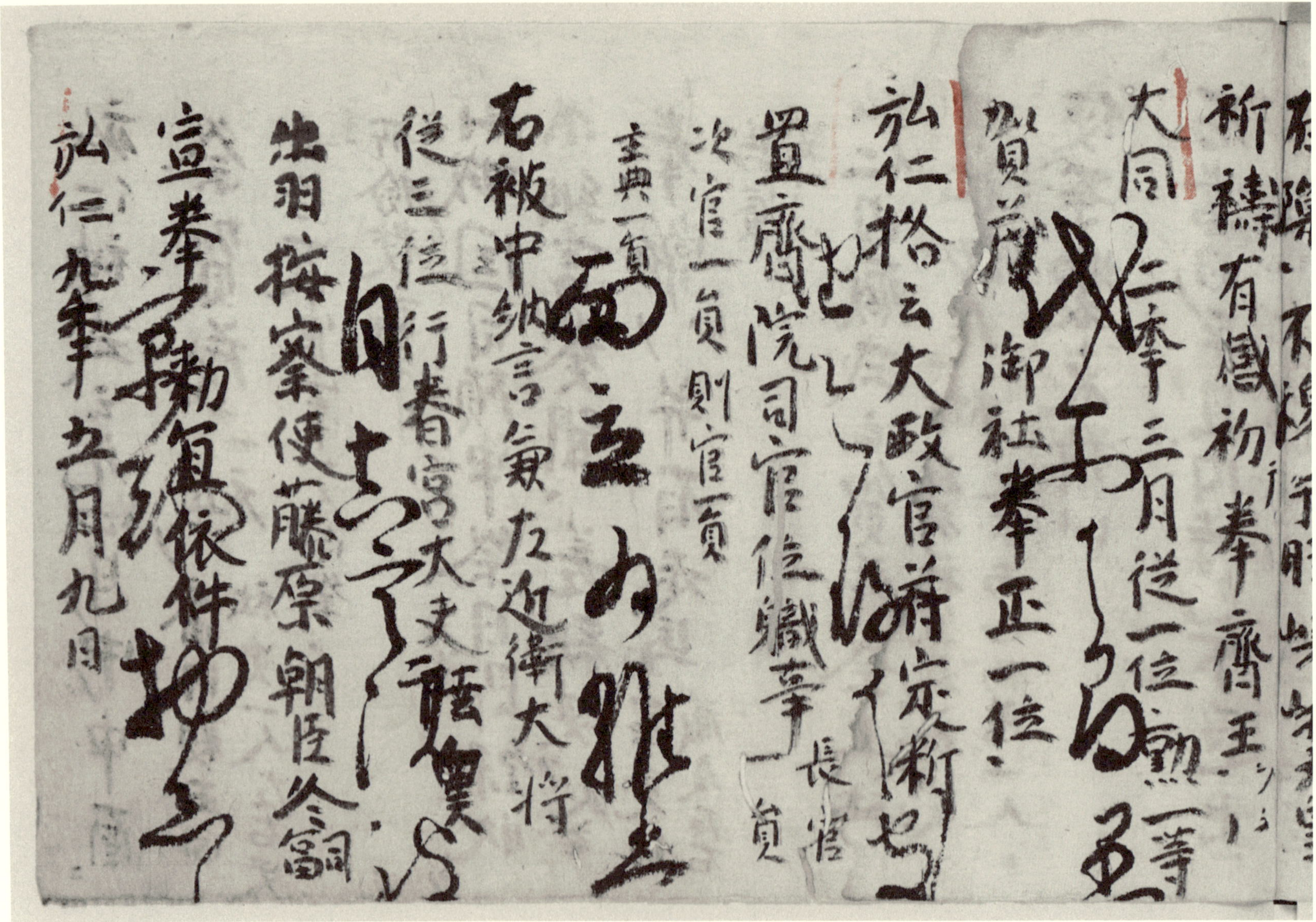

祈禱有識初奉齋王
大同二年三月従一位勲一等
賀茂御祖御社奉正一位
弘仁格云太政官符応衛
置斎院司官位職事　長官一員
次官一員　則官一員
主典一員
右被中納言兼左近衛大将
従三位行春宮大夫
出羽按察使藤原朝臣冬嗣
宣奉勅宜依件
弘仁九年五月九日

（20オ）

弘仁神式云、九四月中申中酉。
祭賀茂二社ノ齋内親王向 社史一人左右史
生各一人官掌一人向祭
所検校諸事
山城国司預中祭日ノ即録状ノ
小納言奏聞、差勅使ノ人等
奉幣ノ并有走馬 寮見禰 蔵及左右
馬寮
式云
弘仁内蔵式云、賀茂祭上社
下社松尾社、社別祢宜祝各一人 上下両各物忌一人
使等裝束料
右當日平旦内侍已下還出

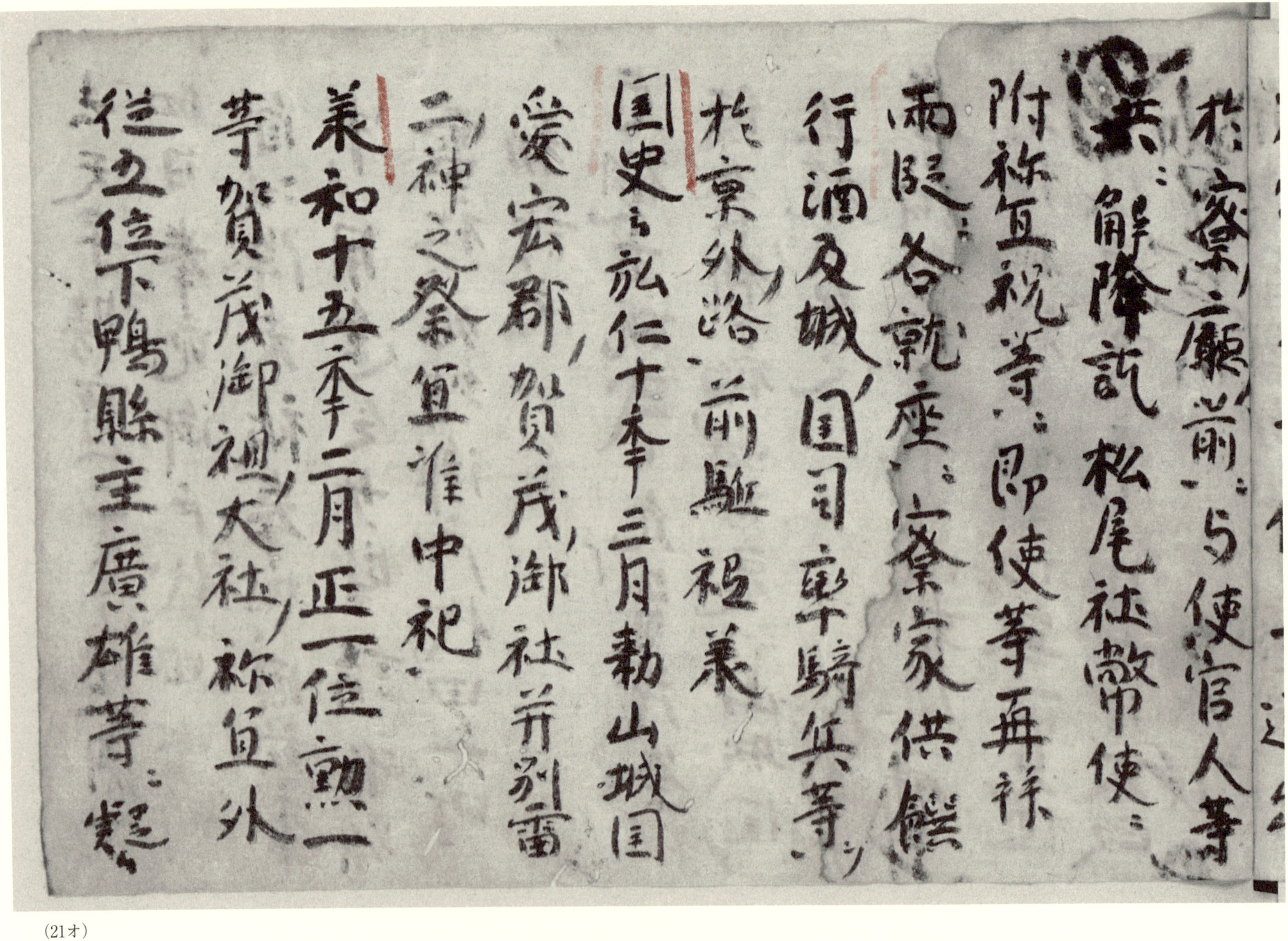
於寮廳前与使官人等
共解除訖松尾社幣使
附祢宜祝等即使等再拝
両段各就座寮家供饌
行酒及城国司率騎兵等
於寮外路前駈祗候
国史云弘仁十年三月勅山城国
愛宕郡賀茂御社并別雷
二神之祭宜准中祀
承和十五年二月正一位勲一
等賀茂御祖大社祢宜外
従五位下鴨縣主廣雄等賜

(21オ)

去天平勝寶二年十一月十
四日奉充御戸代田一町
自以降未被奉加、因茲今年
更ニ用途之外望請准別
雷社ニ加増御戸代田一町
勅許之

貞觀主税式ニ、凡賀茂祭
使食料、稲四百束以山城国
正税ニ充之

奉河合神幣帛事
右件神社祭始之由無所見、但
依天安二年八月七日太政
官符ニ賀茂社　又去延喜

官符、預式社。又去延喜
元年十二月廿八日太政官
符偁、得神祇官解偁、偁、
件河合神是御祖別雷両
神之苗裔之神也。加之
此神霊験顕然、貴賤帰仰。
奉大神幣帛之時、先奉
此神者。左大臣宣、奉
勅、依請者。預相嘗祭之者。

廿日奏郡司擬文事　見内裏式

日本紀云、孝徳天皇二年二
月、凡畿内東自名墾横河

(22ウ)

(23オ)

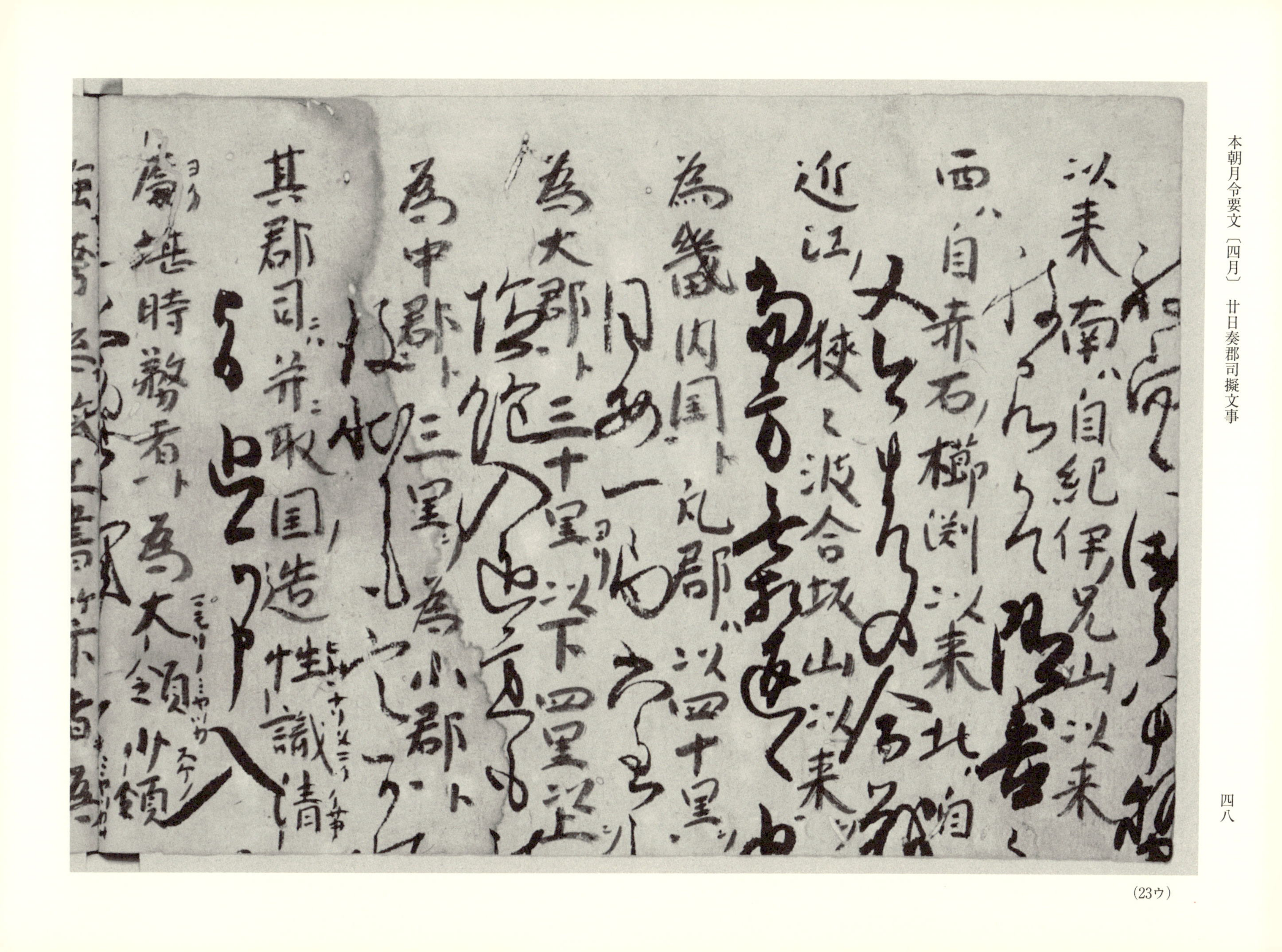

以来、南自紀伊兄山以来

西自赤石櫛淵以来、北自

近江狭々波合坂山以来

為畿内国、凡郡以四十里

為大郡、三十里以下四里以上

為中郡、三里為小郡

其郡司并取国造性識清

廉堪時務者、為大領少領

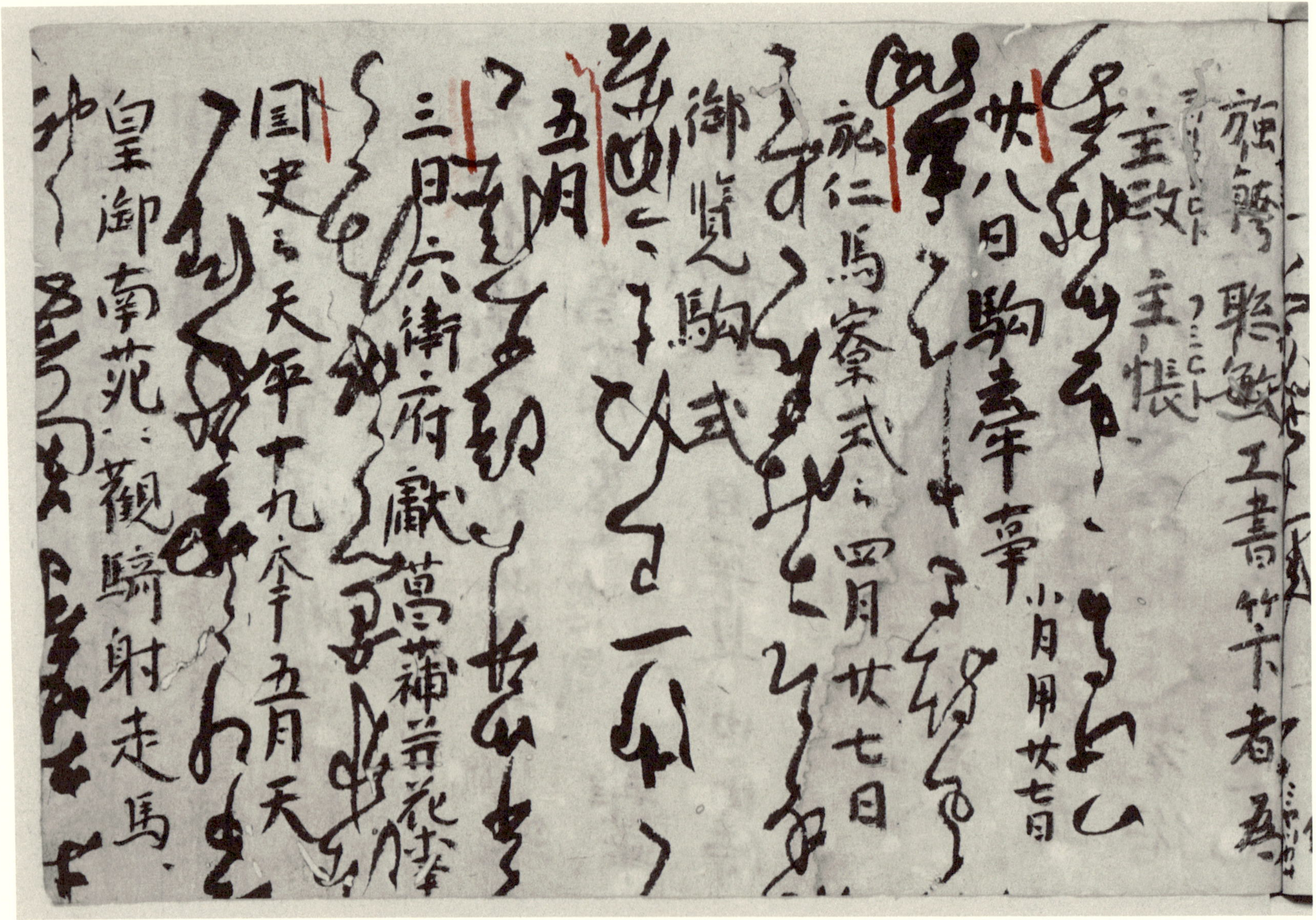

(24オ)

此日詔曰昔五月節常ニ
用菖蒲為縵ト比来已停
此事ヲ従今而後非菖蒲
縵者勿入宮中ニ
弘仁遊衛式ニ云五月五日薬
玉ノ料菖蒲艾惣盛一輿ヲ雑華
十捧盛以居臺三日平旦ニ中内侍
司列設南殿前ノ諸衛准此
五日節会事見内裏式
風俗通ニ云夏至五月五日ニ五
采辟兵ヲ題野鬼遊光俗
説ニ五采以獻五兵ノ遊光

厲鬼先知其名、令人不病
疫温。又俗諱五月上蓋屋。
令人頭禿。謹案易月
令、五月純陽用事、蕤麦
始死、其至、故趣民收獲如
寇盗之至時競也
續齊諧記、屈原五月五日自
投汨羅而死。楚人哀之。毎至
此日、輙以竹筒貯米投水祭
之。荊楚四民並蹋百草、採
艾以為人、懸門戸之上、以攘
毒氣。
月舊記、鄴中記、俗人以介子

推五月五日燒死世人甚忌
故不擧火食以悲也
荊楚記云民斬新竹筒爲糉
楝葉插頭五采縷投江
以爲辟火厄或取楝葉
插頭上言上繰絲繫
臂謂爲長命此日連楝
葉之玉并莖黏累衣而投
羅水之中祭之天下無災
此日楝葉置井中

亥時ニ取出治眉頭瘡疫
者ハ繫顎ニ即差

同日ニ取井華水ヲ著ハ長流水ニ口
五月五日及夏至日ニ未出時ニ
含漱二七日及身衣中ニ勿及顧
芬氣シ
五月五日庚午ノ日書貴人名字ヲ
著テ右ノ足ニ見大人ニ則歡喜
海龍王經ニ五月五日書貴人名
字ヲ著左ノ足ノ下ニ大吉又五日
取釜下ノ黄土ヨリ以人膠ノ汁シ和テ

（26オ）

一如旋塗露屋上、宿ニ三用塗ル
彼人衣即得合
五月五日祭
日本博士外従五位下勲十等
中臣丸連張弓并正七位下
林連佐比物等去天平勝寶
五年正月四日勘奏云昔
楚屈原為恵王ニ以被放
湘南遂無所返徴ニ則死時
而懐砂入汨羅之水而没
上其霊化而為鬼神則為
天下作旱澇疫氣之災或
人一夢ニ[illegible]日為天下作

不祥之灾者皆試靈氣
所成欲消灾者五月五日羅
水祭試靈者即消灾矣
則風俗皆此日連楝玉
并葉纏纍而投羅水之
中而祭之依此而天下無灾
故今此楝葉之此日曽帶
而免時取出治置瘧病
瘦氣者繫頸即差也
日本紀云清寧天皇四年夏閏
五月大餔五日天武天皇九
年九月辛丁朝御因以
看大山信以下之馬長柄社

乃俾馬射之（ムマユミイサセ）
右官史記云太上天皇（同並一所知皇子令ニ射セ）
元年四月ニ勅五位以上及百官
人等ニ預備五月五日ノ騎馬ヲ
国史ニ云大寶元年五月五日巻ツ
蹴鞠ツ令五位已上ヲ出走馬
神亀四年五月天皇御南
野ノ榭ニ觀騎ノ騎射ツ
寶亀八年五月五日天皇御
重閣門ニ觀射騎ヲ召渤海国
使史部以上家等物ニ令射場

使史都蒙等亦會射場
令五位已上進装馬及走馬
作田舞於舞臺蕃客
亦奏本国樂
国史云大同二年五月四日先
是帝城北野開新埒以備
馬射五日鑾輿最臨
御馬臺大雨終日埒地泥
濘四衛射畢冒雨還宮

（28オ）

弘仁馬寮式云、五月六日饗馬
并騎射式天長九年四月
又御武徳殿覧騎射、雅樂
寮奏音樂、甲衣乘輿還
宮云々
貞観内進式云
應立五月五日節定競馬属
右様事
右左大弁大江朝臣音人傳宣右
大臣宣云、件様事乘前不明
宜仰雅樂寮、當日騎射終
則兩人執様經左衛門陣之
西頭、至於東様ノ白處寄

延至、至於埒的處[illegible]
立於埒東邊左右近衛二人
自埒内来テ各執一桙ヲ立占
處左衛門陣怱許雅楽趁
經陣頭ヲ　若騎射終後ニ雅楽
遅緩者左衛門ノ陣ノ人ニシテ催
促不得從此權滞共時着走
馬　猶遣之六日亦競ゝ
者震輿未出宮之前ニ雅楽
直進之之更ニ不可依五日之
儀ニ　自今以後立為恒例ト貞観六年

六月

一日

右當日早朝ニ鞍細馬十疋東盤
奉射殿　登時頭御馬ノ名簿

（29オ）

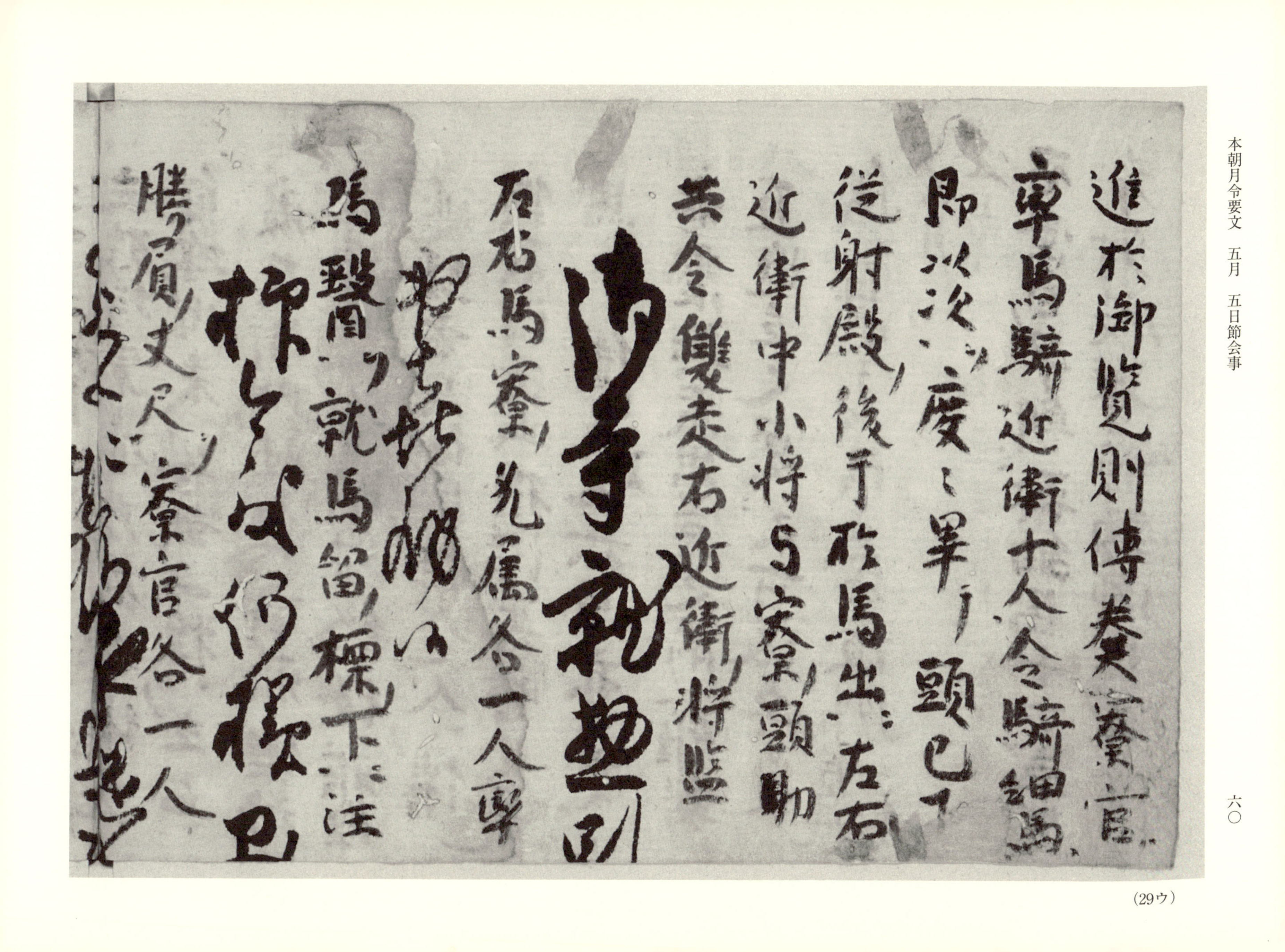

進於御覧則傳奏ニ奏一臣
率馬騎近衛十人令騎細馬
即以次ゝ度ゝ畢ヲ頭已下
従射殿ノ後于於馬出ゝ左右
近衛中小将S寮頭助
共令雙走右近衛将監
以手就埒則
左右馬寮允属各一人率
[illegible]
馬醫ヲ就馬留ノ標下ゝ注
[illegible]
勝ヲ負ノ丈尺ヲ寮官各一人
[illegible]

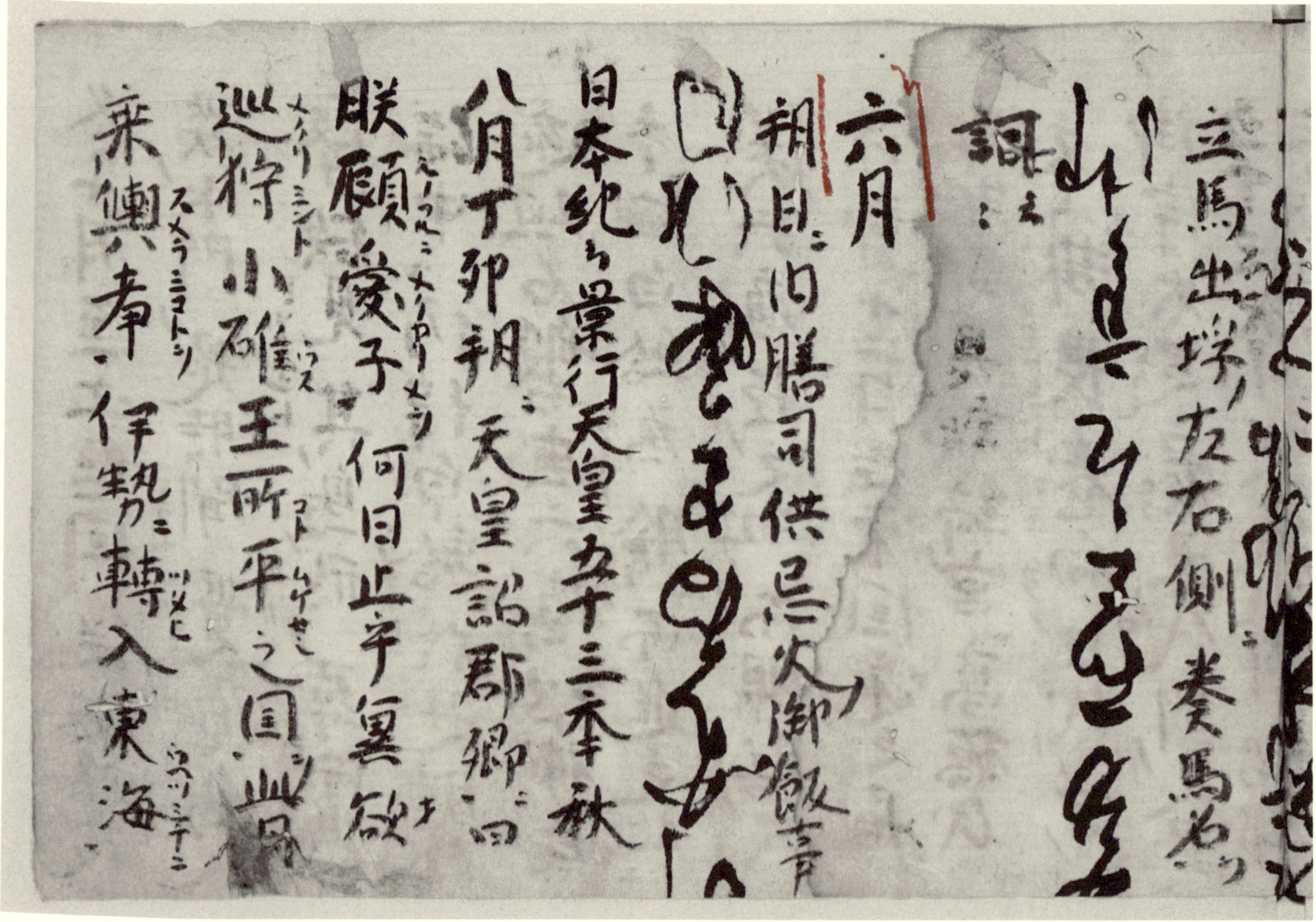
[illegible]
立馬出埒ノ左右側ニ奏馬名ヲ
詞云
[illegible]
六月
朔日内膳司供忌火御飯事
[illegible]
日本紀云景行天皇五十三年秋
八月丁卯朔天皇詔群卿曰
朕顧愛子何日止息
巡狩小碓王所平之国
乗輿幸伊勢転入東海

（30オ）

又云十月至上総国ニ従海路度
淡水門ヲ是時聞覚賀鳥之
聲ヲ欲見其鳥形ヲ尋而出
海中ニ仍得白蛤ヲ於是膳臣
遠祖名磐鹿六鴈以蒲ヲ為
手繦ニ白蛤為膾ト而進之故ニ
美六鴈臣之功ヲ而賜膳大
伴部ヲ十二月従東国還之居
伊勢ニ也是謂綺宮高橋氏
文ニ掛畏巻向日代宮ニ
御宇太足彦忍代別天皇
五十三年癸亥八月ノ[illegible]部
[illegible]

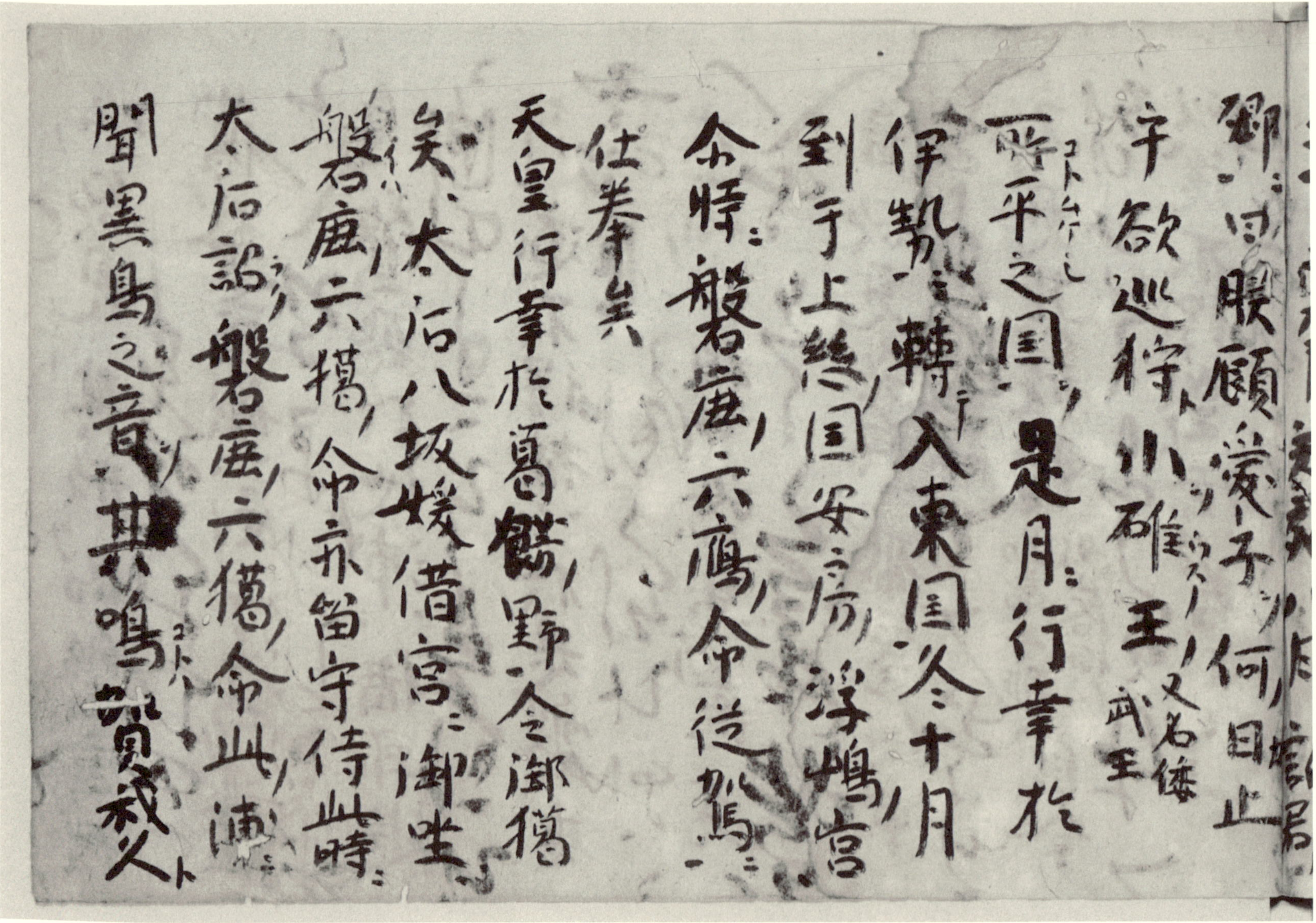
朕ニ目眼顧愛子ヲ何日止
乎欲巡狩小碓王ノ又名倭武王
所平之国ヲ是月ニ行幸於
伊勢ニ轉テ入東国ニ冬十月
到于上総国安房浮嶋宮
尒時ニ磐鹿六鴈命従駕ニ
仕奉矣
天皇行幸於葛餝野ニ令御獦
矣太后八坂媛借宮ニ御坐
磐鹿六獦命亦留守侍此時ニ
太后詔ク磐鹿六獦命此浦ニ
聞異鳥之音ヲ其鳴貲我久人ト

（31オ）

欲見其形即磐鹿六
鴈命乗船到于鳥許
鳥驚飛於他浦猶追
行遂不得捕於是磐鹿
六鴈命祝曰汝鳥戀其
音欲見其貌飛遷他浦
不見其形　好容貌　切款子耶反　自今
以後不得登陸若大地下

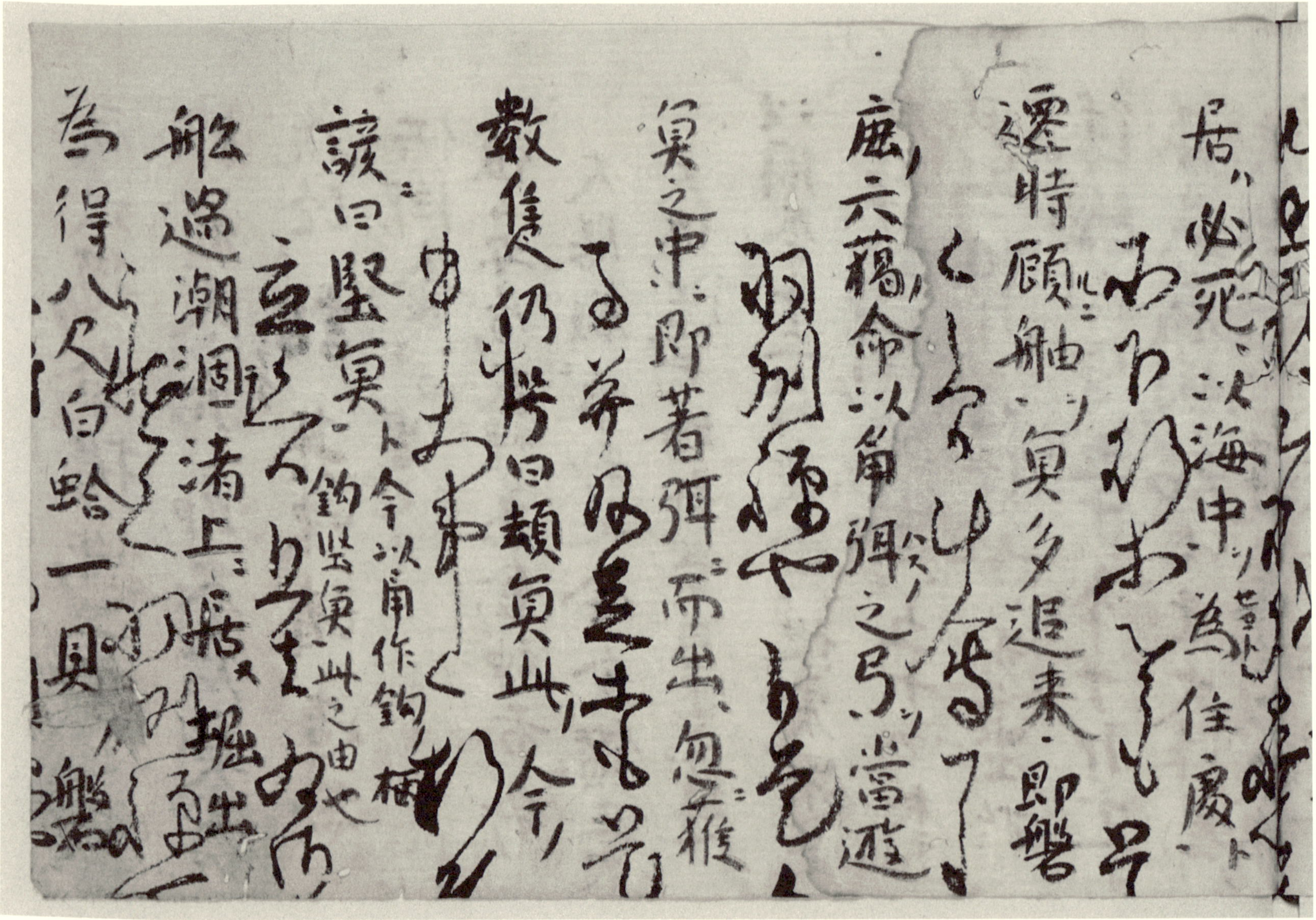

（32オ）

鹿六獦ノ命捧件ノ二種之物ヲ
獻ル於太后ニ、即太后歎給ヒ
悦給テ詔ス其味清ク造欲
供御食ニト　畧之
但ニ安房ノ大神為食神者合ノ
大膳職ニ祭神也、今ノ令鑽忌火
大伴造者物部豊日連之後也
以同年十二月乗輿従東遷坐
於伊勢ノ国綺ノ宮ニ五十四年
甲子九月ニ自伊勢遷坐於
倭纏向宮ニ五十年丁卯十一
月武蔵国知ヽ夫大伴部
之祖上祖連意由以木綿ヲ

伐葎葉美頭良巻従山
次来用木綿日影苧蘰
為用美自経向朝廷歳
次美爽始奉貢詔勅所
賜膳臣姓天都御食伊波
此由麻波理仁奉来迄今
朝廷歳次王氏并卅九代
積奉六百三十九歳 延暦十九年
同日造酒司献醴酒事 起六月 尽七月
日本紀神代下時神吾田鹿葦
葦津姫以卜定田号曰狭
名田以其田稲醸天甜酒

（33オ）

嘗之又用擣渡田納為
飯ニ嘗之
日本紀撰云應神天皇之代
百濟人須須己利人各酒出参
来、始習造酒之事以往
之世知醸酒之道但殊ニ
有造酒ノ法上古之代ニ日
中ニ嚼米吐納木槽ニ經日
醗醸為之ノ為醴故今世謂

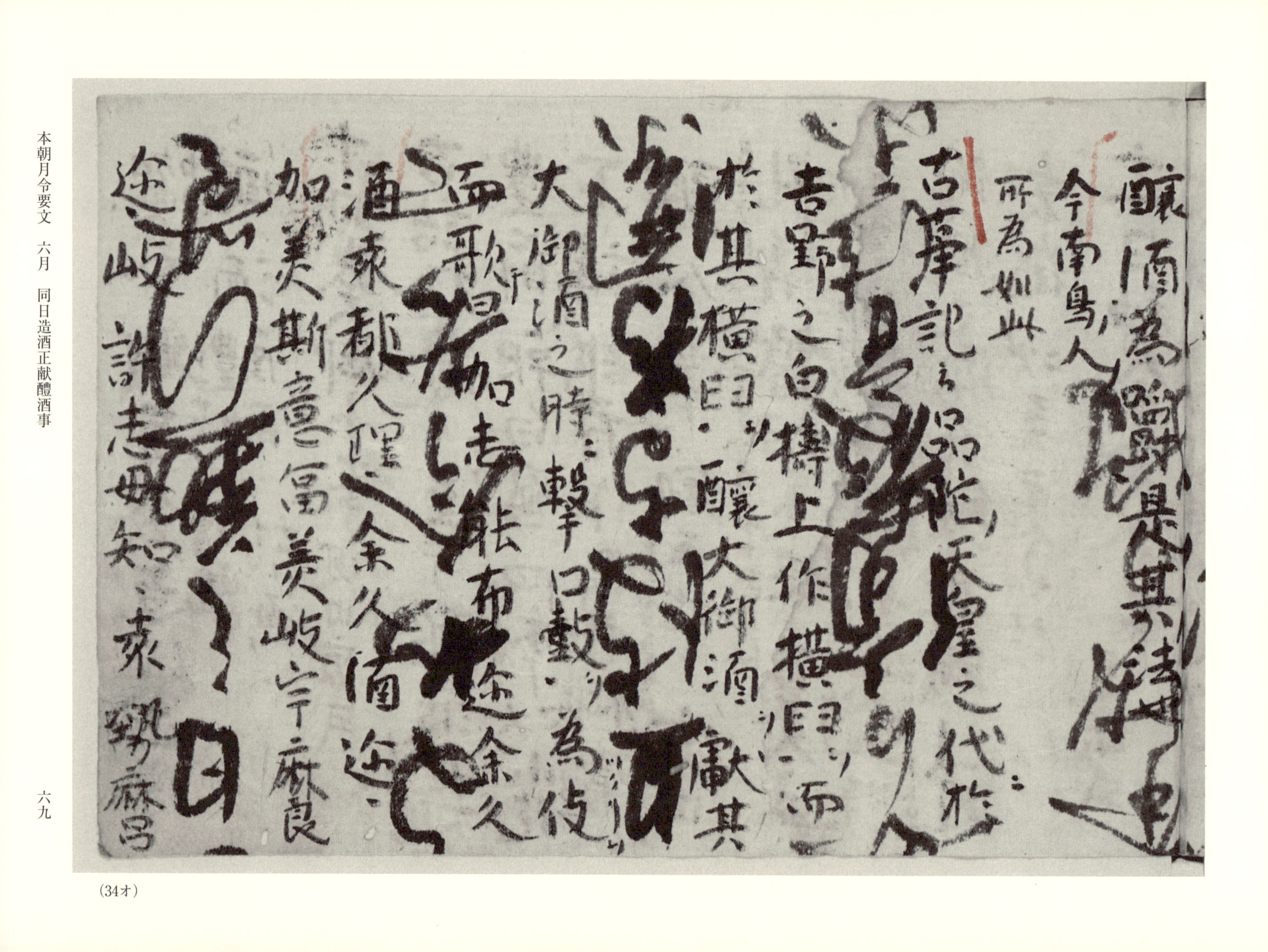

醸酒為[illegible]是其縁也
今南島人
所為如此
古事記云品陀天皇之代於
吉野之白檮上作横臼而
於其横臼醸大御酒献其
大御酒之時撃口鼓為伎
而歌曰加志能布迩余久
須袁都久理余久須迩
加美斯意富美岐宇麻良
迩岐許志母知袁勢麻呂

（34オ）

賀知、職員令、造酒正、掌
醸酒醴酢、謂醴、胡酒

十日奏御卜事　見儀式

古語拾遺云、至于難波長柄
豊前朝白鳳四年、以小花
下諸部首作斎、為神官
頭、令掌叙王族宮内
礼儀婚姻卜筮、夏冬二
季御卜之式、始起此時、
作斯之後、不継其職、陵遅
衰微、以至于今

十一日神今食祭事　見儀式

高橋氏文云、太政官符神祇
官、定高橋安曇二氏供奉
神事御行膳、立先後事
右被太臣宣偁、奉勅、如聞、
先代所行神事之日、高橋朝臣
等之前供奉、安曇宿祢等
更無所争、但至于飯高天
皇御世、靈亀二年十二月、神
今食之日、奉膳従五位下
安曇宿祢刀、請典膳従七
位上高橋朝臣乎具須
比曰、刀者官長老、請之前
供奉、此時乎具須比参旧神事

（35オ）

之日供奉御膳者
膳臣等職非他氏之事
如此相論之間勅宣可依先例
寶龜六年六月神今食之
日安曇宿祢廣吉旌進前
立与高橋波麻呂相爭
廣吉等妄以偽辭加附氏
記以此申聞自得爲先高
橋朝臣等不敢披斥而積之

補有顕聞書延暦八季谷進
記文、即曩二氏甚勘閇事由
纂撰捴日本記及二氏私記
知又高橋氏之可先、而中經先
朝所奏事改、恩欲答
先一ハ後、彼此無夏憂雖未勅
所司番臨祭事ニ遂之令先
後セ高橋不肯之ミエ
謹案日本紀巻向日代宮
御宇大足彦忍代別天皇幸

三年ニ巡狩東国ヲ、度淡水門ヲ、
是時聞覚賀鳥之声ヲ、欲見
其形ヲ、尋之出海中ニ、仍得白
蛤ヲ、於是膳臣遠祖名磐鹿
六鴈、以蒲為手繦ト、白蛤ヲ
為膾ニ、而進之、故美六鴈臣ヲ
而賜膳大伴部ヲ、撿其家記
略同於此ニ、是高橋氏預奉御
膳之由也、降テ及軽嶋明宮御
宇誉田天皇三年ニ處々
海人訕哤之不従命ニ、乃遣
安曇連祖大濱宿祢ヲ、平之
因為海人之宰ト、是仍安曇氏

預奉御膳之由也

廿五日任左右相撲司事

弘仁官式云、凡六月九日任左右相撲司、太政官簡定参議正次侍従奏聞、廿人数臨時爲令

中務任之如式部儀事見代式

弘仁中務式云、凡相撲司、六月九日任堪事者、其代式如除目、可任用人色見太政官式

貞観中務式云、前式凡相撲司六月九日任堪事者、今案前節一月任之。

（37オ）

同式ミ前式七月六日云
亶註ミ云 白相撲司即五位已上
又様内舎人等云
共入右立幄前奏舞一曲迴
頭就座ミミ 令案定月日准
五位已上立大旗竹共揖着
座然後奏猷舞

晦日東西文部奉祓刀事

神祇令云 凡六月十二月晦日
大祓者中臣上御祓麻東西

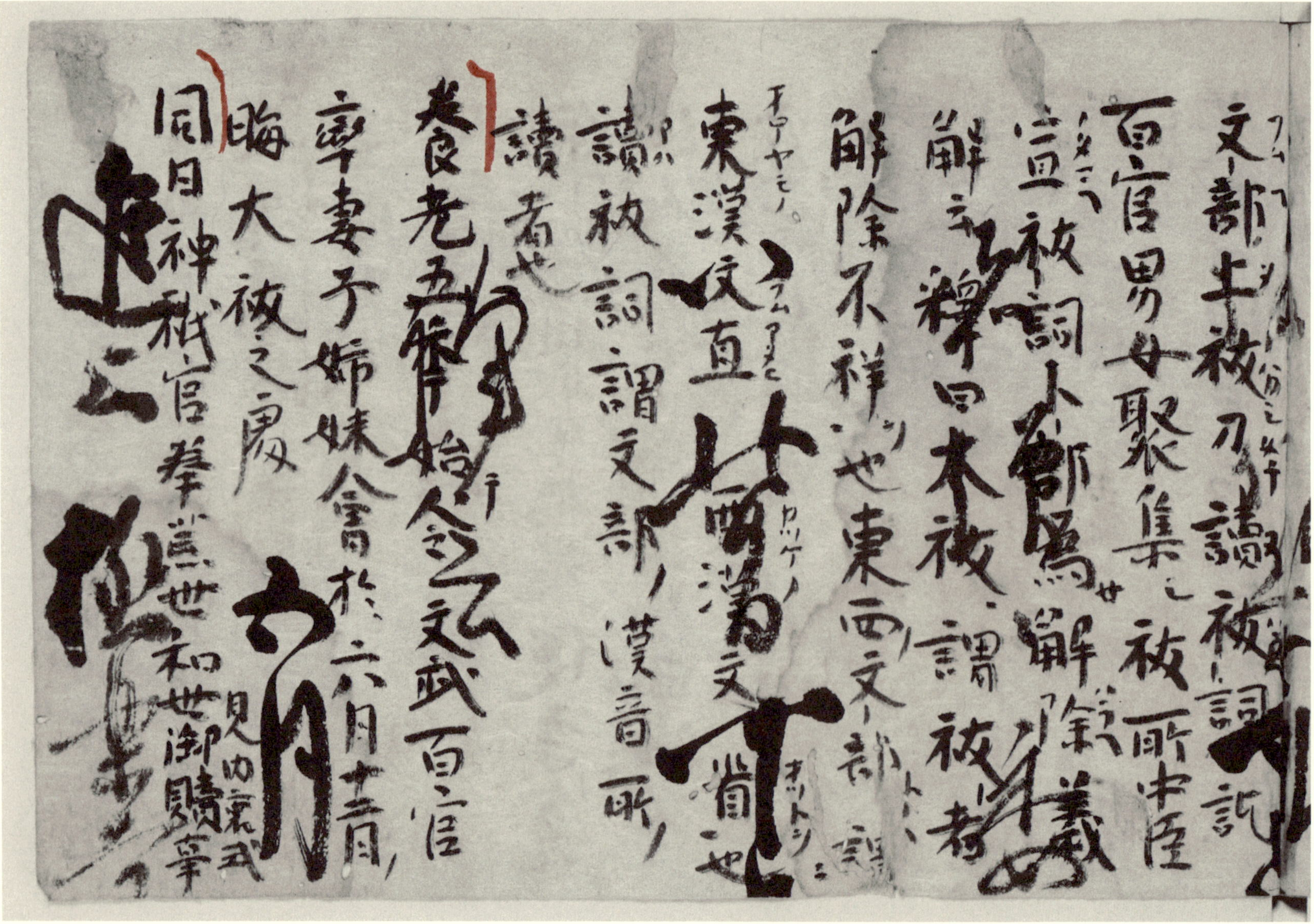
文部上祓刀讀祓詞訖
百官男女聚集祓所中臣
宣祓詞卜部爲
解除禮曰本祓謂祓者
解除不祥也東西文部
東漢文直
西漢文首
讀祓詞謂文部ノ漢音ノ所
讀者也
養老五年始令文武百官
率妻子姉妹會於六月十二月
晦大祓之處
同日神祇官奉荒世和世御贖事
見内裏式

（38オ）

日本紀云氣長足姫尊九
年九月令諸国集船舶
練兵甲時軍卒難集
皇后曰必神心焉則立
大三輪社以奉刀矛矣
軍衆自聚於是使吾瓮
海人烏摩呂出於西海令
察有国耶還曰国不見也
又遣磯鹿海人名草而視數
日還曰西北有山帯雲横
絚蓋有国乎爰卜吉日而臨
發有日時皇后親執斧鉞

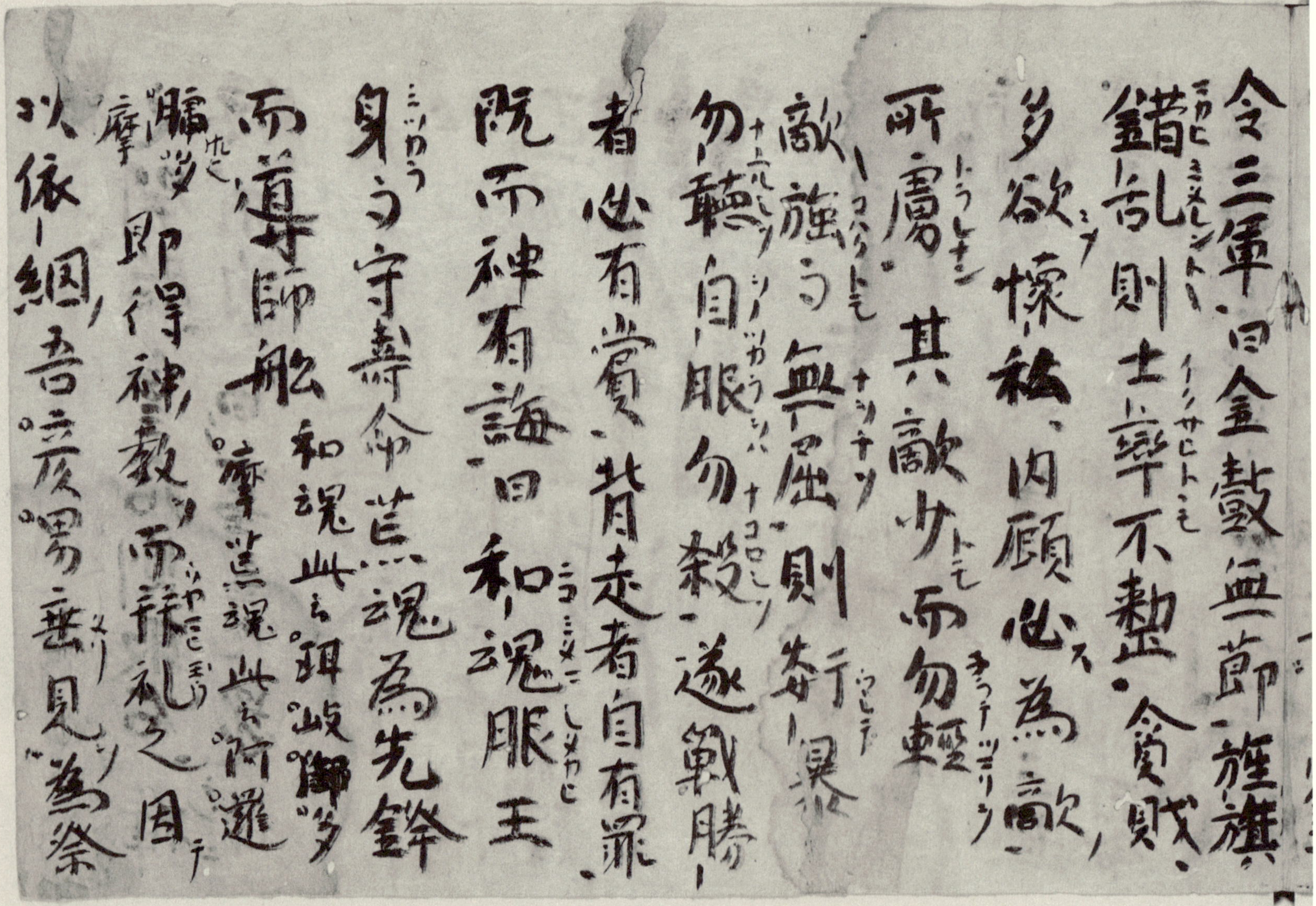

令三軍曰金鼓無節旌旗
錯乱則士卒不整貪財
多欲懐私内顧必為敵
所虜其敵少而勿軽
敵強無屈則行暴
勿聴自服勿殺遂戦勝
者必有賞背走者自有罪
既而神有誨曰和魂服王
身而守寿命荒魂為先鋒
而導師船和魂此云珥岐瀰多
摩荒魂此云阿邏瀰多
摩即得神教而拝礼之因
以依網吾彦男垂見為祭

（39オ）

神主于時世適當皇后
之開胎皇后則取石挿
腰而祈之曰事竟還日
産於茲土其石今在于
伊覩縣道邊既而則為
荒魂為軍先鋒請和魂
為王船鎮
神祇式云西文忌寸部獻御横
時呪謹請皇天上帝三極
大君日月星辰八方諸神司命
司籍左東王父右西王母

（39ウ）

五方ノ五帝四時ノ四氣ニ捧ルニ以
縁人ヲ請除禍災ヲ捧ルニ以金
刀ヲ請延帝祚ヲ咒曰
東至扶桑西至虞淵
南至炎光北至弱水
千城百国精治萬歳々々
抱朴子云月晦日ニ竈鬼亦上天
白人ノ罪状ヲ大者奪紀々者
三百日也小者奪筭筭下ハ々者
一日也

許慎五經異義云顓頊氏有
子曰黎ト為祝融火神也祝以
為竈ト庄子皇子見桓公ニ
有髻、庄子司馬彪注云髻竈
神也状如美女、衣赤衣姓穣
名吉利婦名博頰
又云竈神名禪字子郭衣黄
衣從竈中被髪而去、以名
呼之則除凶三月甲寅四
月丁巳ニ以猪頭ヲ為祭ト其
利万倍
捜神記云漢陰子方當臘日晨
炊而竈神形見子方再拜

（40ウ）

受慶家有黄羊因以祠
之至識三世而遂繁昌
故後常以臘日祀竈
而薦黄羊焉
荊楚歳時記以黄犬祭之
謂之黄羊陰氏世蒙其禮
古今注狗
一名黄羊
世風記臘夜令人持椒臥
井旁勿与人語以椒井
中除瘟病臘日祀竈大
吉、又常月晦日竈神
上天白人罪状大集人紀
笇下故俗此日被除

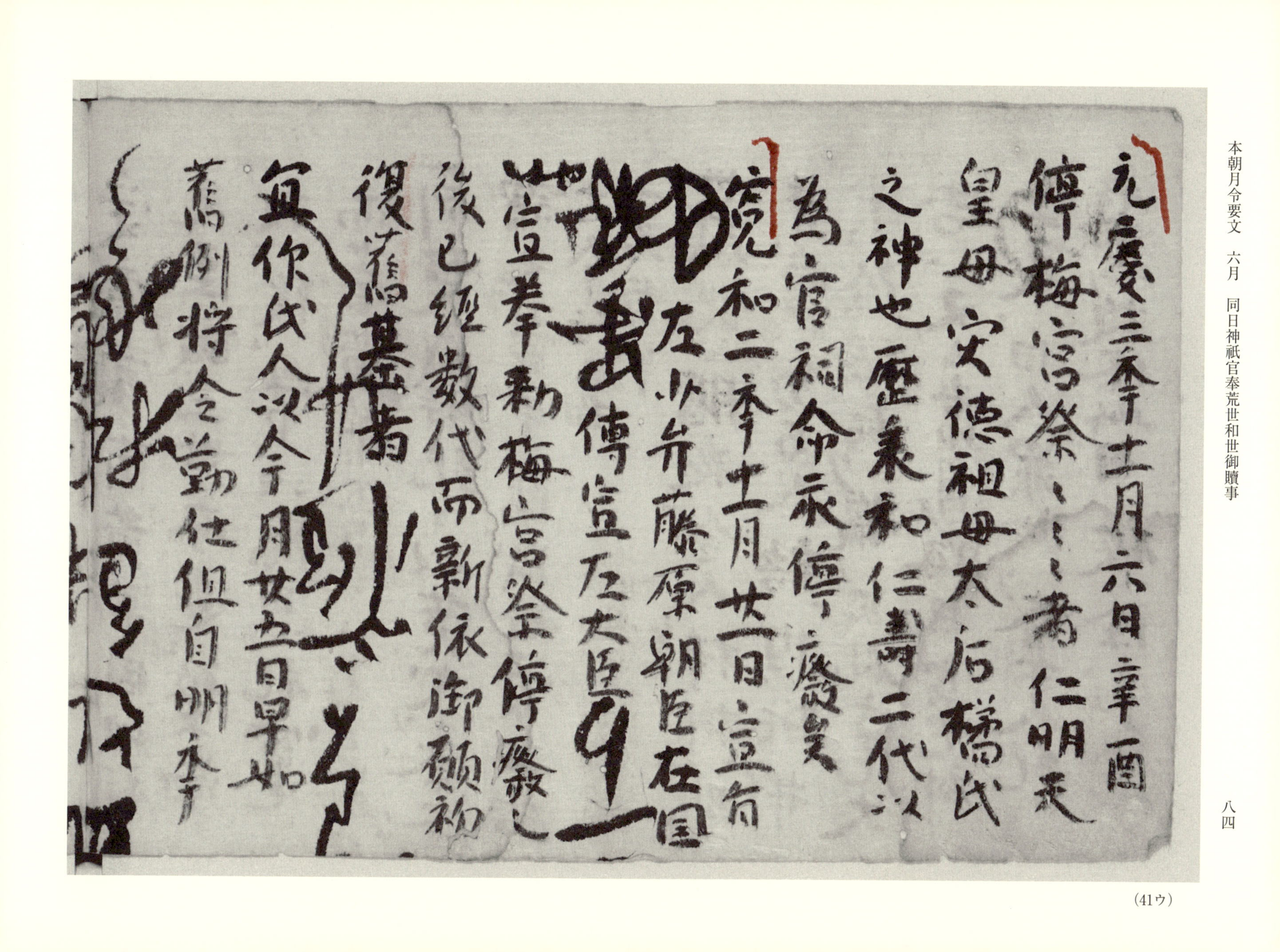

元慶三年十一月六日辛丑
停梅宮祭、〻〻者仁明天
皇母安德祖母太后橘氏
之神也歷承和仁壽二代以
為官祠、命永停癈矣

寛和二年十一月廿一日宣旨
左少弁藤原朝臣在国
傳宣左大臣宣
宣奉勅梅宮祭停癈之
後已經數代而新依御願初
復舊基者
宜仰氏人以今月廿五日早如
舊例将令勤仕但自明年

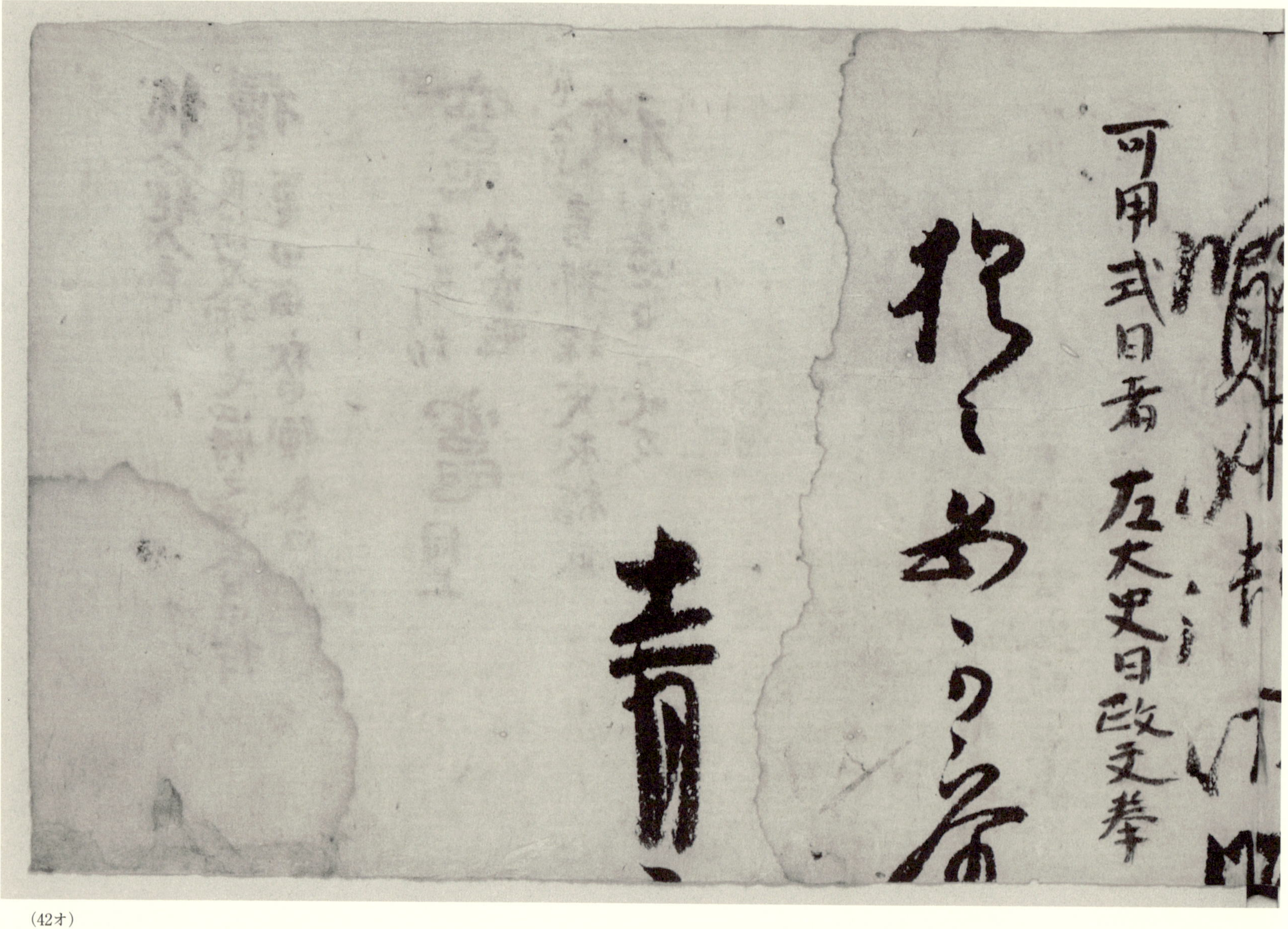

（42オ）

耡合龍入声
欘良浴反 插也 四時之田 春日耕
夏田苗 秋日揷 冬日〻也
竈玉 子到切 炊竈 竈 同上
祓尨入声 音拂除灾求福也
潔也 又方吠反

（42ウ）

(43オ)

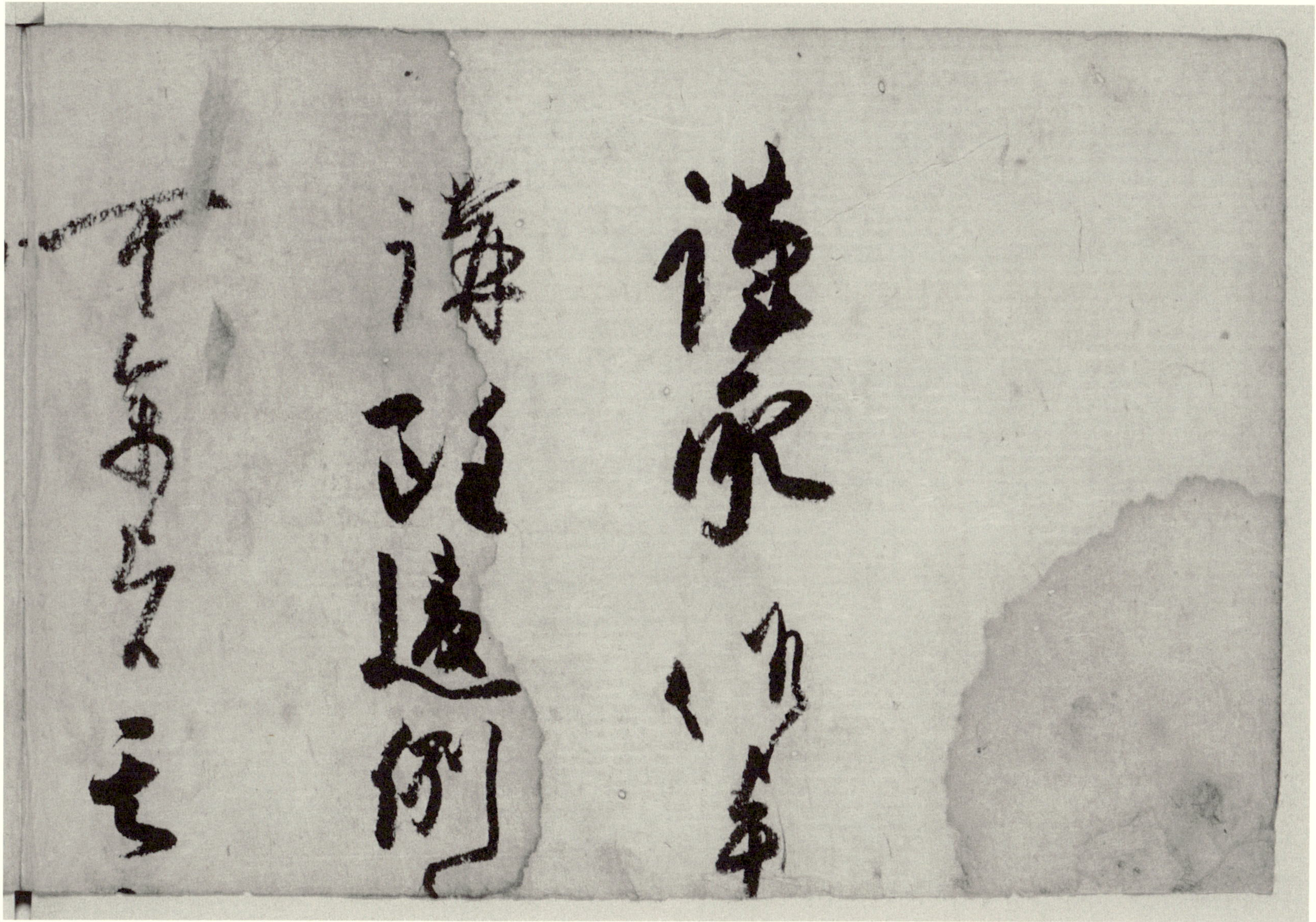

(43ウ)

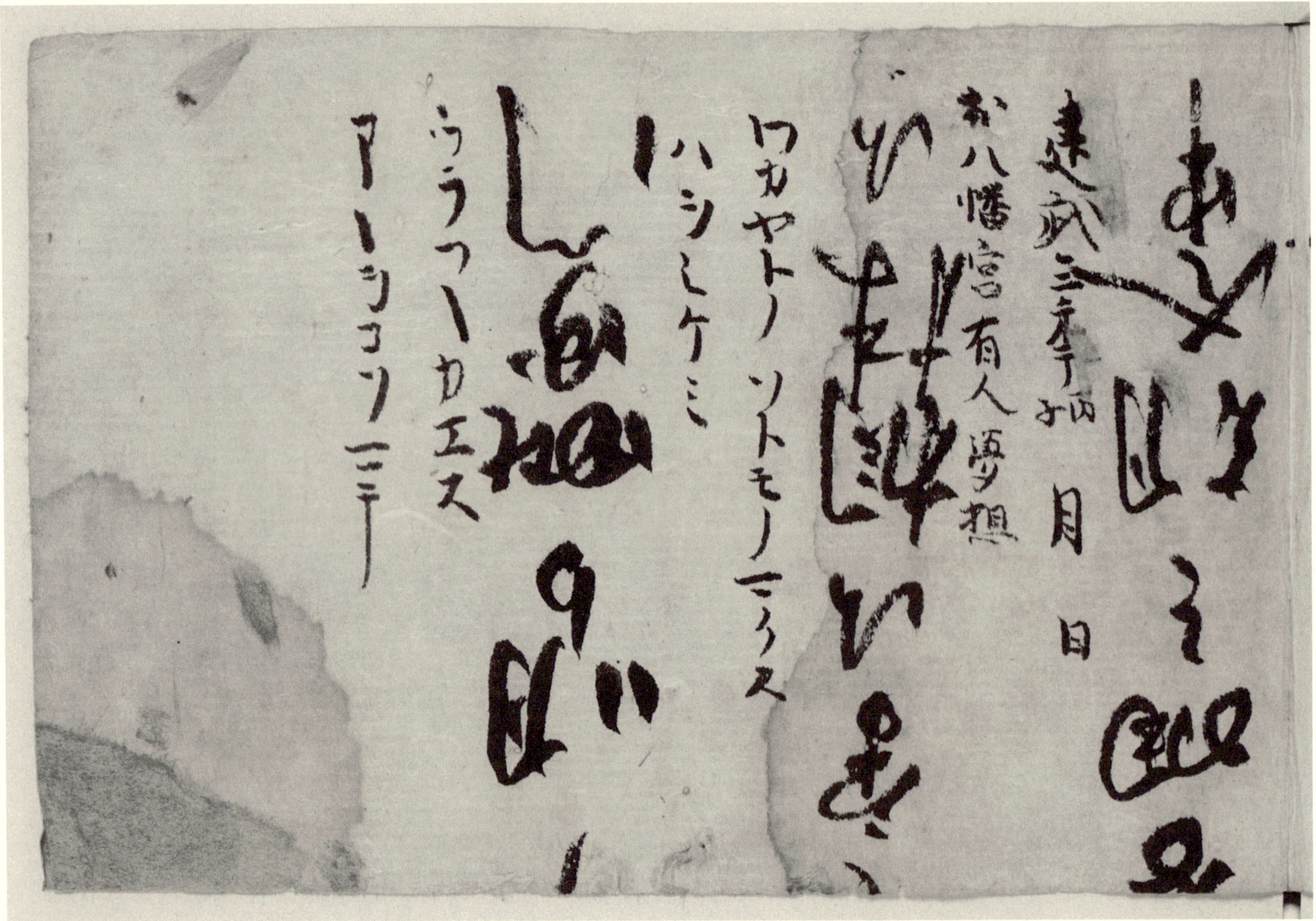

（44オ）

(44ウ)

参考図版

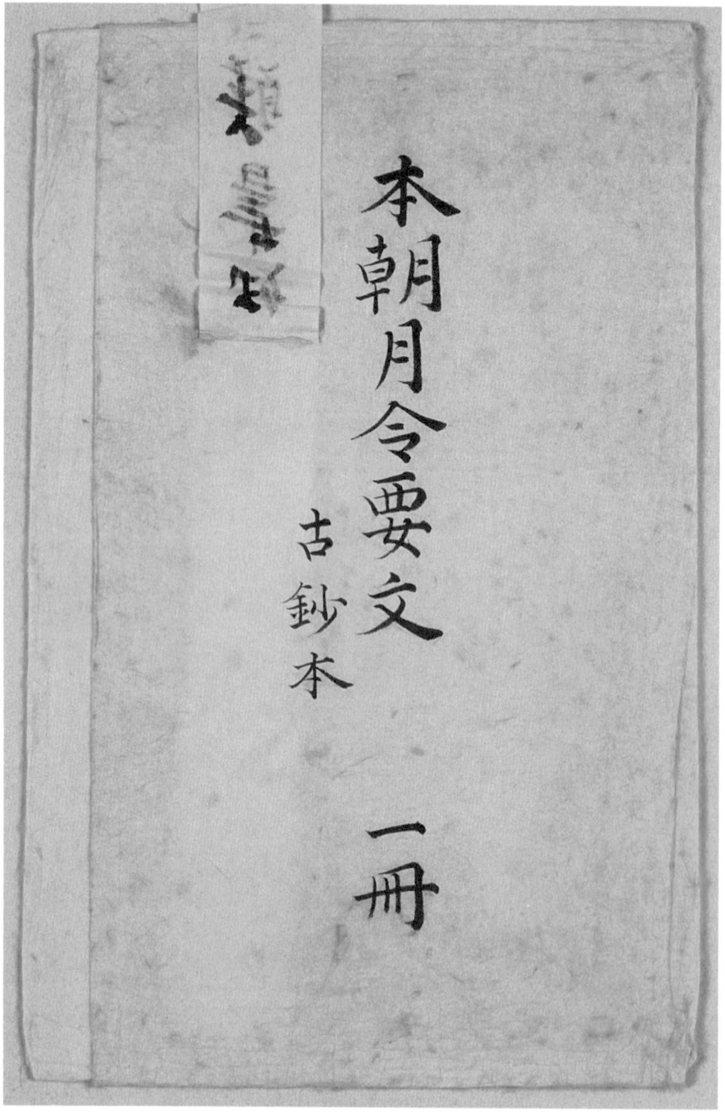

包紙の上書

19頁（9オ）

26頁（12ウ）

27頁（13オ）

31頁（15オ）

33頁（16オ）

33頁（16オ）

35頁（17オ）

37頁（18オ）

38頁（18ウ）

39頁（19オ）

39頁（19オ）

40頁（19ウ）

49頁（24オ）

49頁（24オ）

50頁（24ウ）

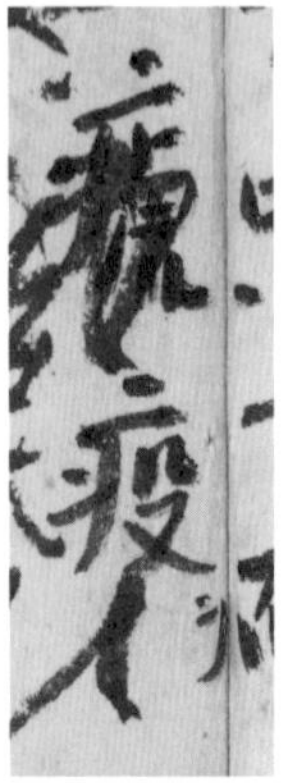

53頁（26オ）

54頁（26ウ）

57頁（28オ）

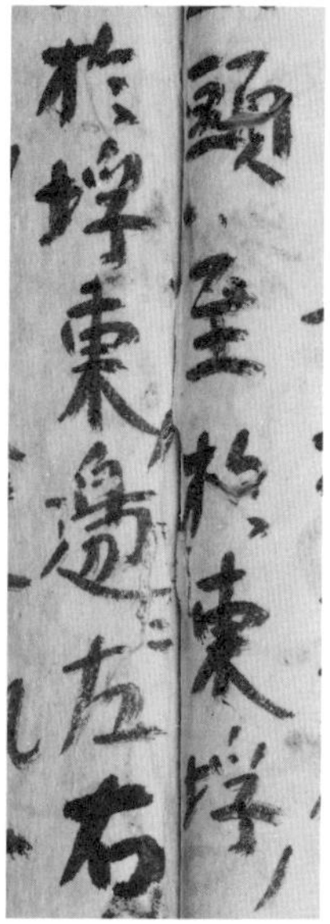
58・59頁（28ウ・29オ）

62頁（30ウ）

66頁（32ウ）

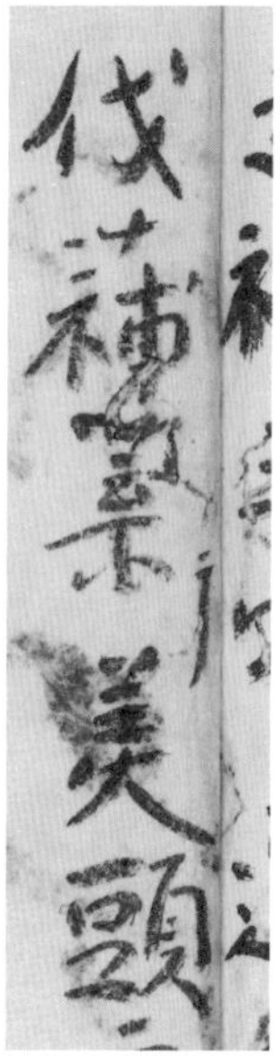
67頁（33オ）

67頁（33オ）

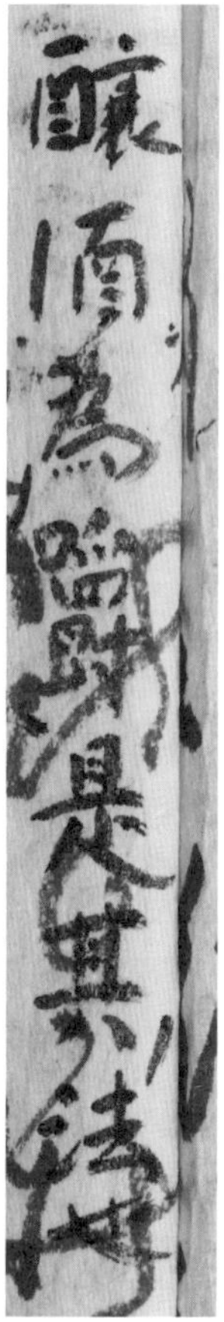
69頁（34オ）

79頁（39オ）

（2オ）　　（3ウ）

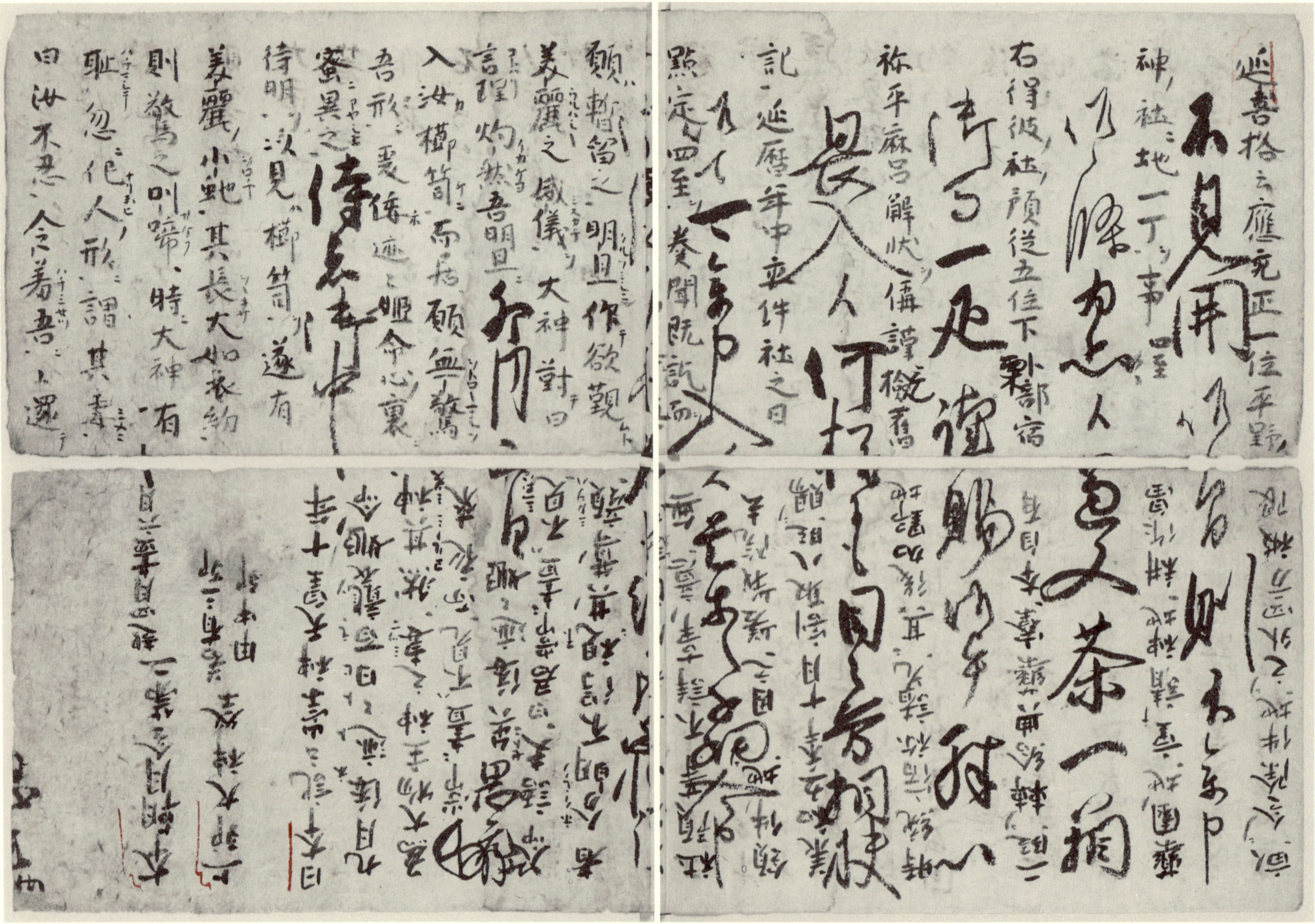
延喜格云、應充正一位平野
神社地一町事 四至
右得彼社預従五位下和部宿
祢平麻呂解状偁、謹検旧
記、延暦年中平野社之日
點定四至、奏聞既訖、

顗暫留之、明旦作欲覲
美麗之威儀、大神對曰
言理灼然、吾明旦
入汝櫛笥而居、願無驚
吾形、爰倭迹々日姫命心裏
密異之、
待明以見櫛笥、遂有
美麗小蛇、其長大如衣紐
則敬驚之叫啼、時大神有
恥忽化人形、謂其妻
曰汝不忍令羞吾、吾還

（1ウ）　　（4オ）

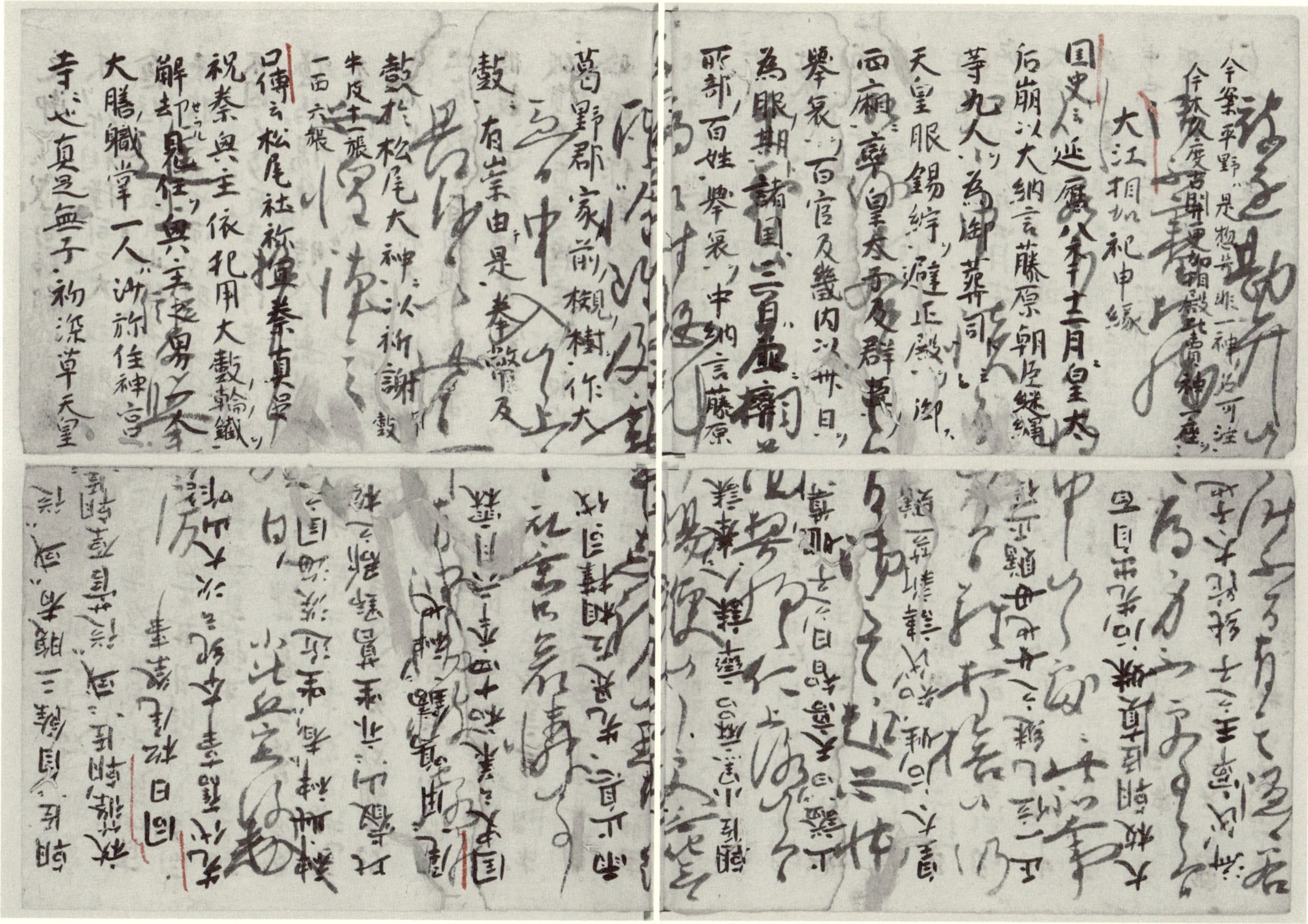
今案、平野ハ是惣并非一神、尤可注
今案、度会則并如相殿、此貴神一座
大江　相切　祀申縁
国史云、延暦八年十二月、皇太
后崩、以大納言藤原朝臣継縄
等九人、為御葬司、
天皇服錫紵、避正殿、御
西廂、率皇太子及群臣
挙哀、百官及畿内以卅日
為服期、諸国三日、庶人
所部百姓挙哀、中納言藤原
葛野郡家前槻樹、作大
鼓、有祟由、是奉幣及
鼓於松尾、松尾大神以祈謝　鼓
牛皮十一張
一面六張
口伝云、松尾社祢宜秦真量
祝秦興主依祀用大鼓輪鐵
解却見任、興主是男
大膳職掌一人、以祢宜住神宮
寺也、真是無子、初深草天皇

（12オ）　第3紙　（9ウ）

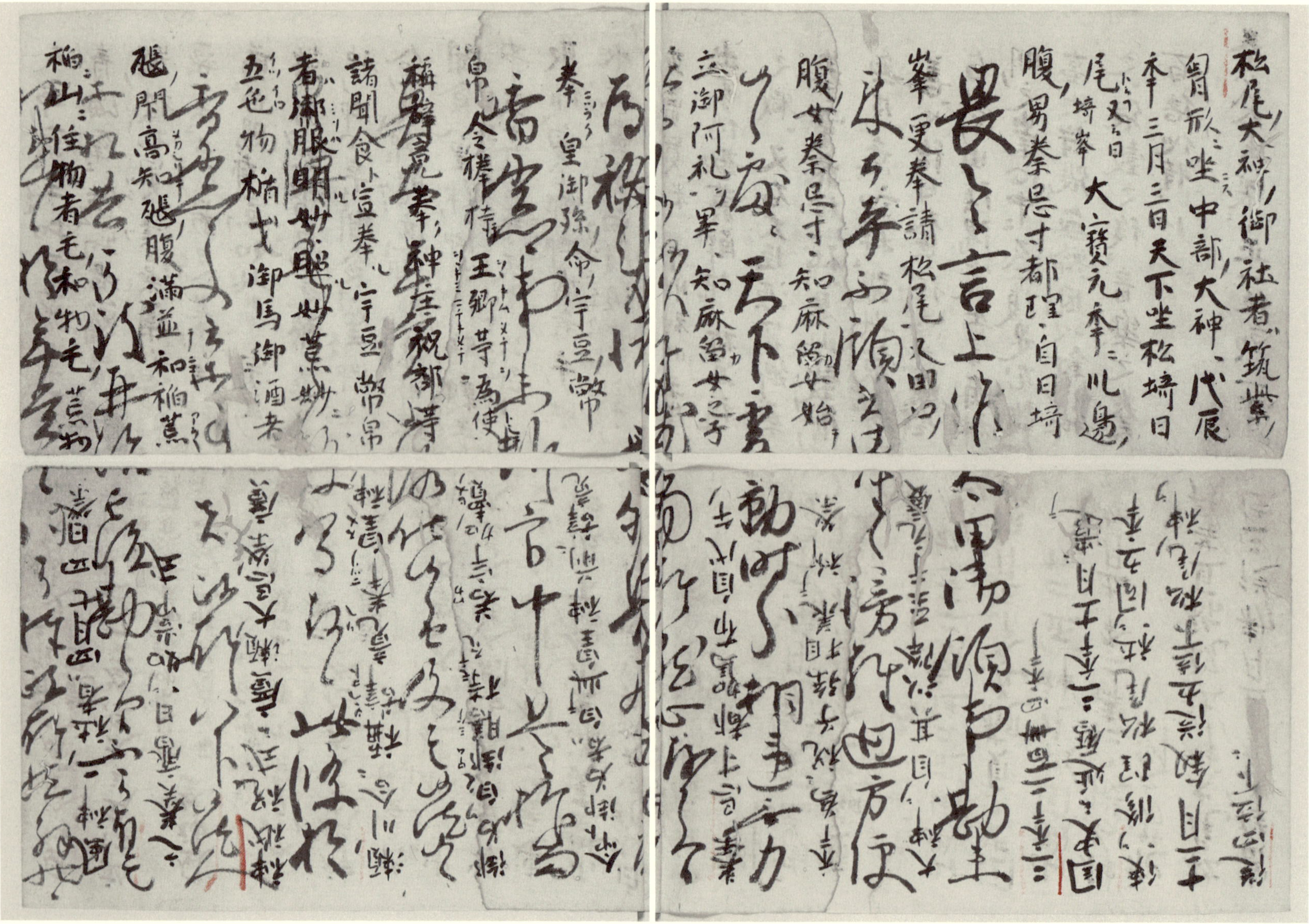

（11ウ）　（10オ）

第4紙

(16オ)　　　　(13ウ)

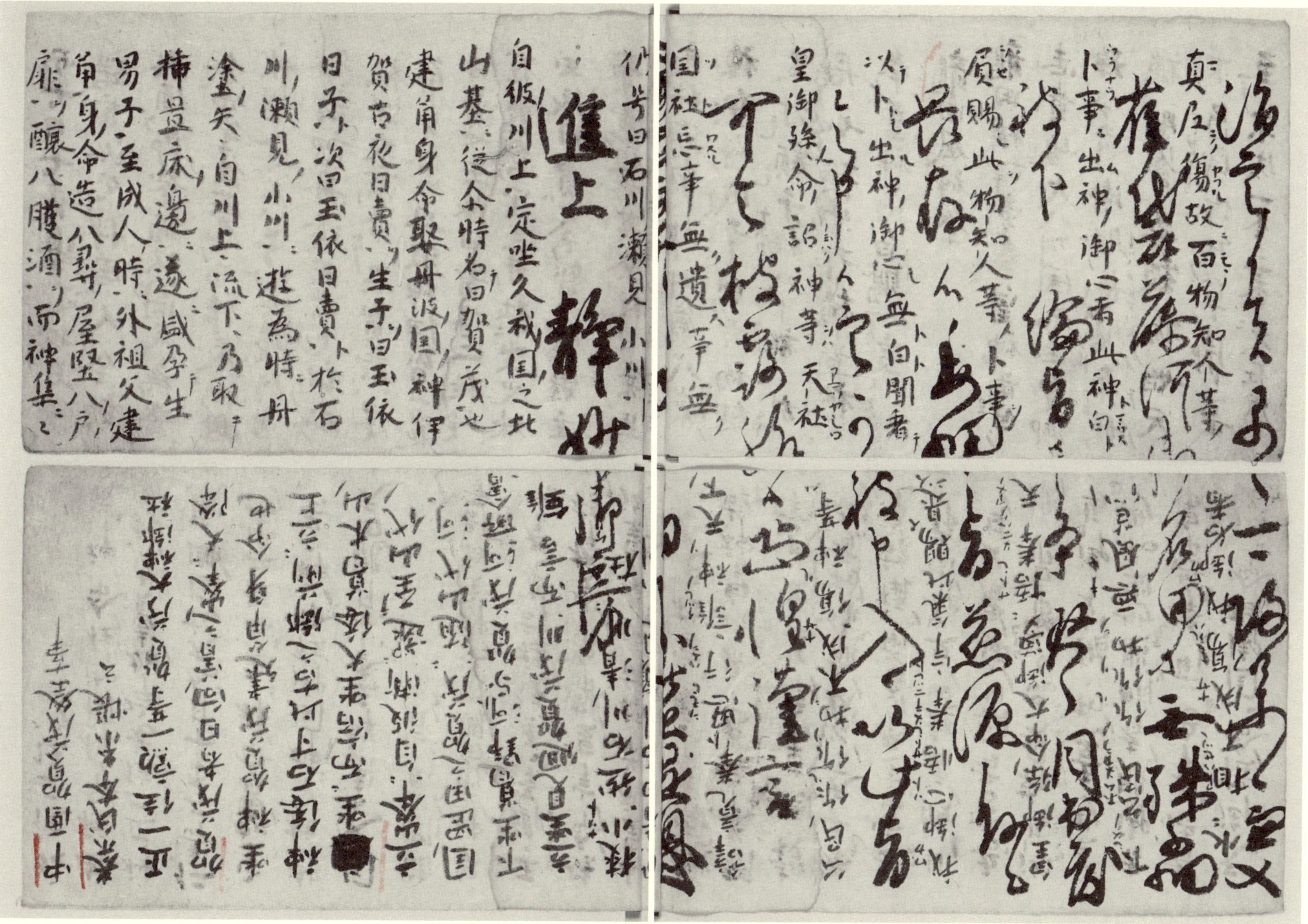

(15ウ)　　　　(14オ)

(20オ)　第５紙　(17ウ)

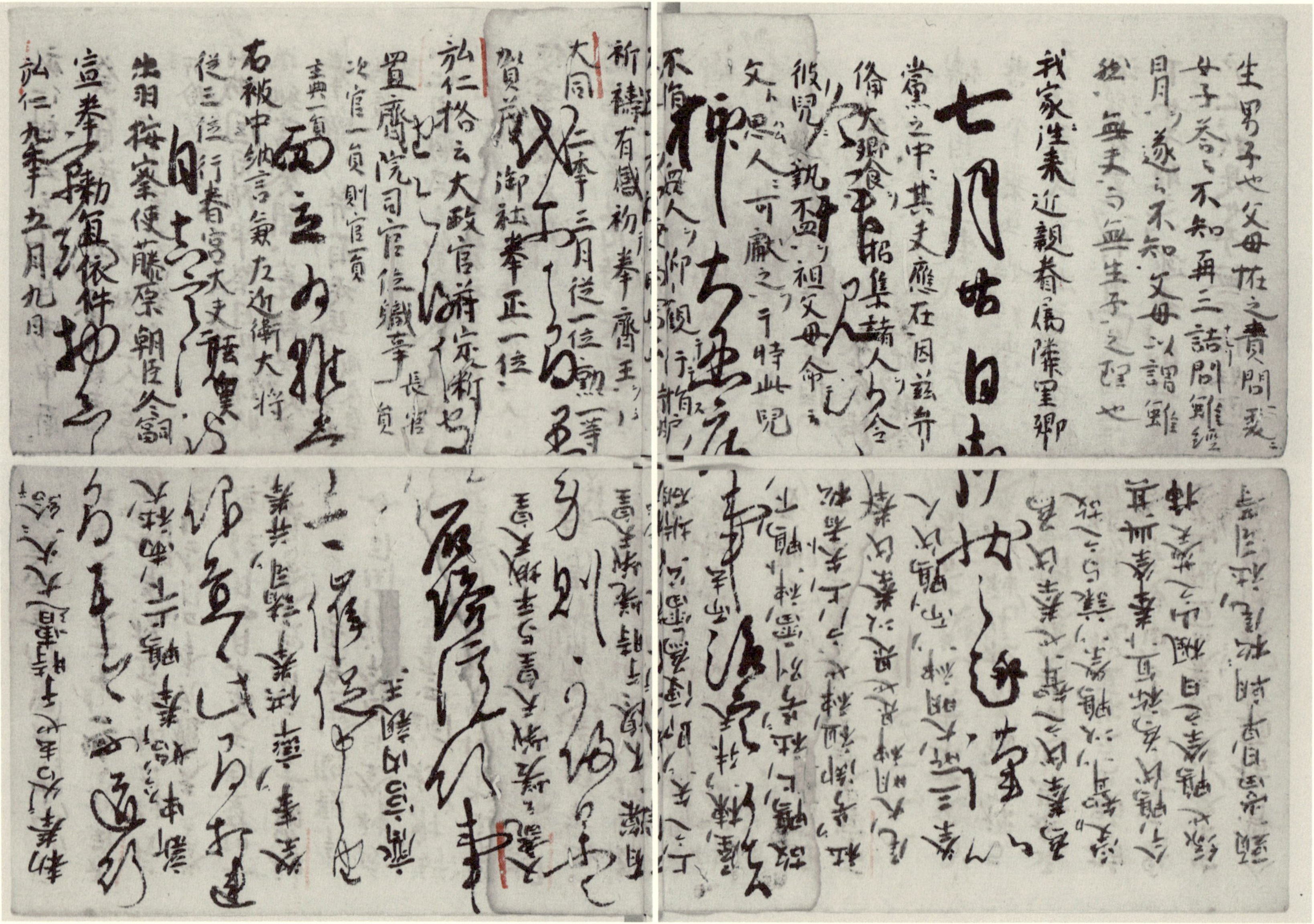

生男子也父母悦之貴聞哉
女子答ら不知再三詰問雖經
日月ッ遂ら不知父母以謂雖
然無夫ら無生子之理也
我家注来近親眷属隆星卿
黨之中其夫應在因茲弁
倫大卿食リ招集諸人令
彼兒リ執盃ッ祖父母命
文ト思公人ニ可獻之ト特此兒
不指人ッ卿

祈請有識初奉齋王ッ
大同元年三月從一位勲一等
賀茂御社奉正一位
弘仁格云大政官符定術
置齋院司官位職事 長官一員
次官一員 判官一員
主典一員
右被中納言兼左近衛大将
從三位行春宮大夫
出羽按察使藤原朝臣冬嗣
宣奉勅宜依件
弘仁九年五月九日

(19ウ)　(18オ)

(22オ)　第６紙　(23ウ)

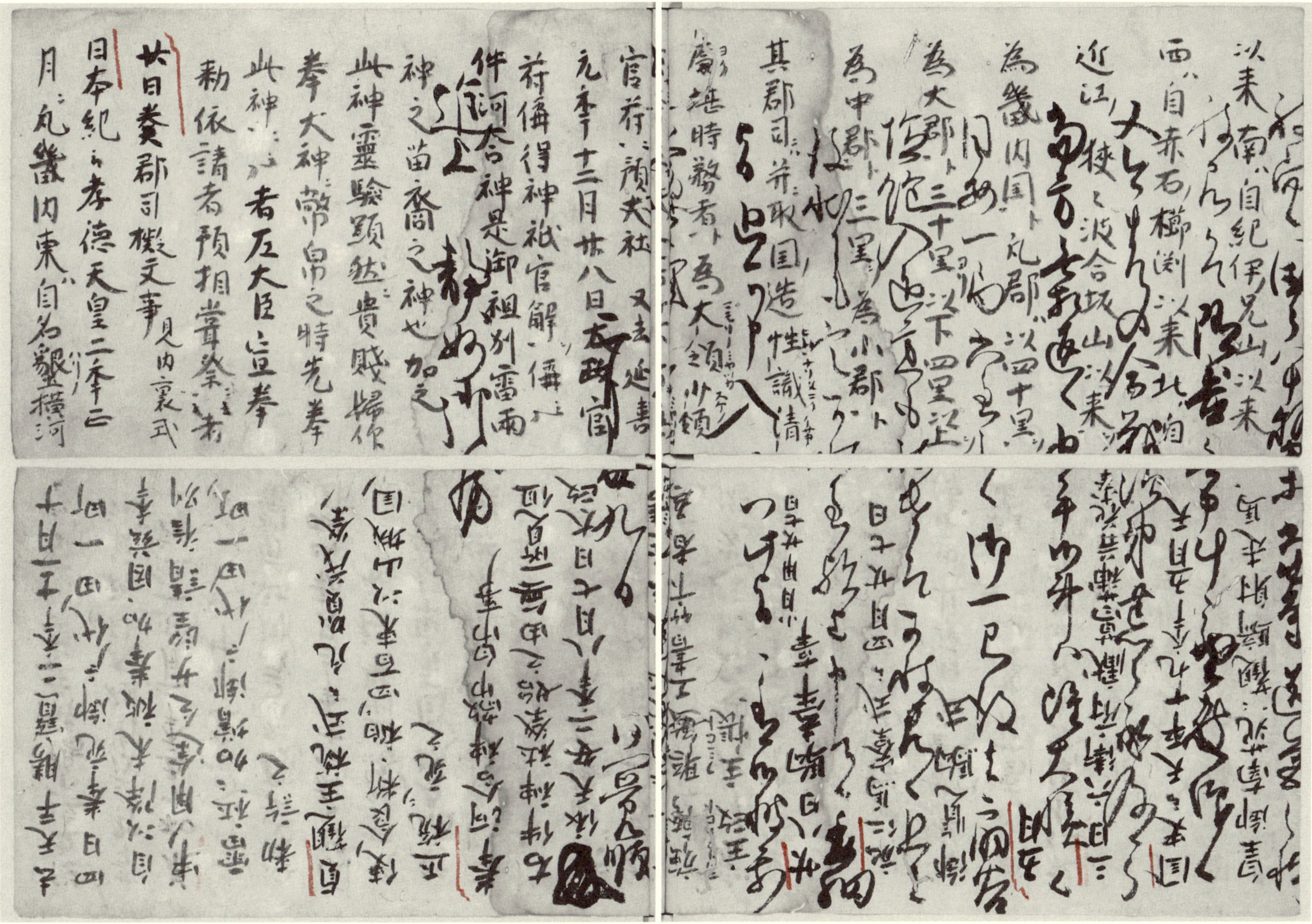

(21ウ)　(24オ)

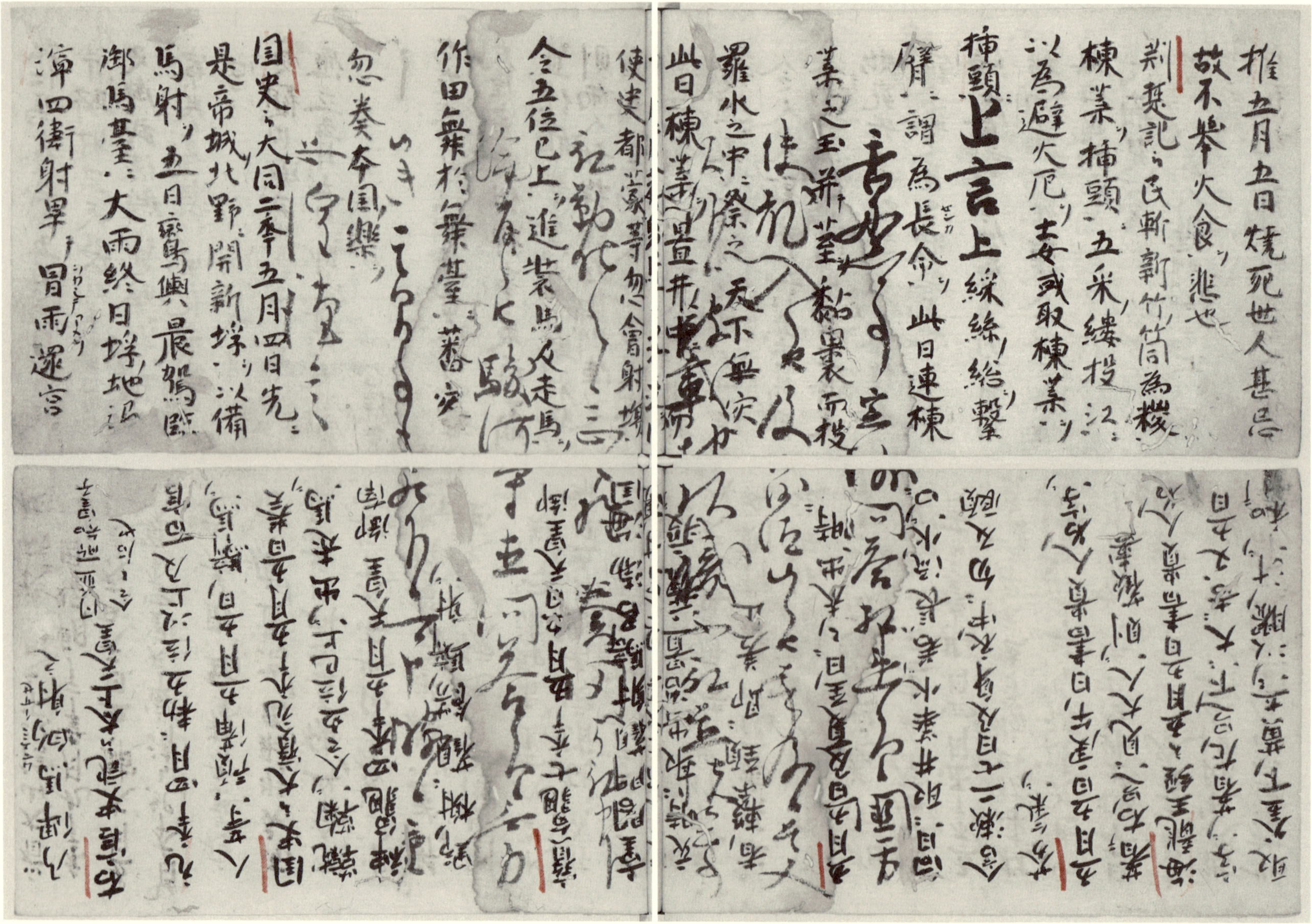

（27ウ）　（26オ）

(32オ)　第8紙　(29ウ)

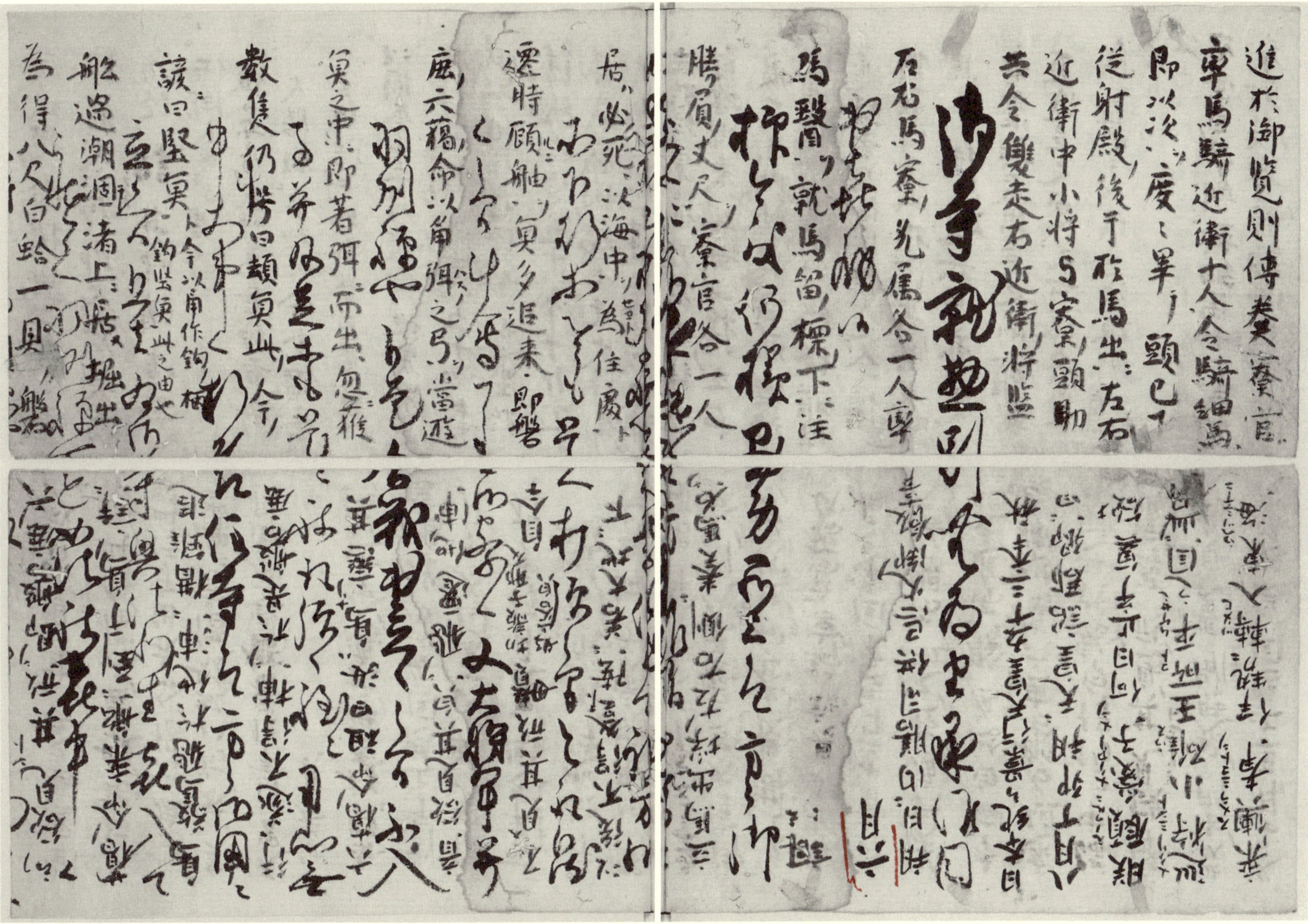

(31ウ)　(30オ)

第９紙

(36オ)　(33ウ)

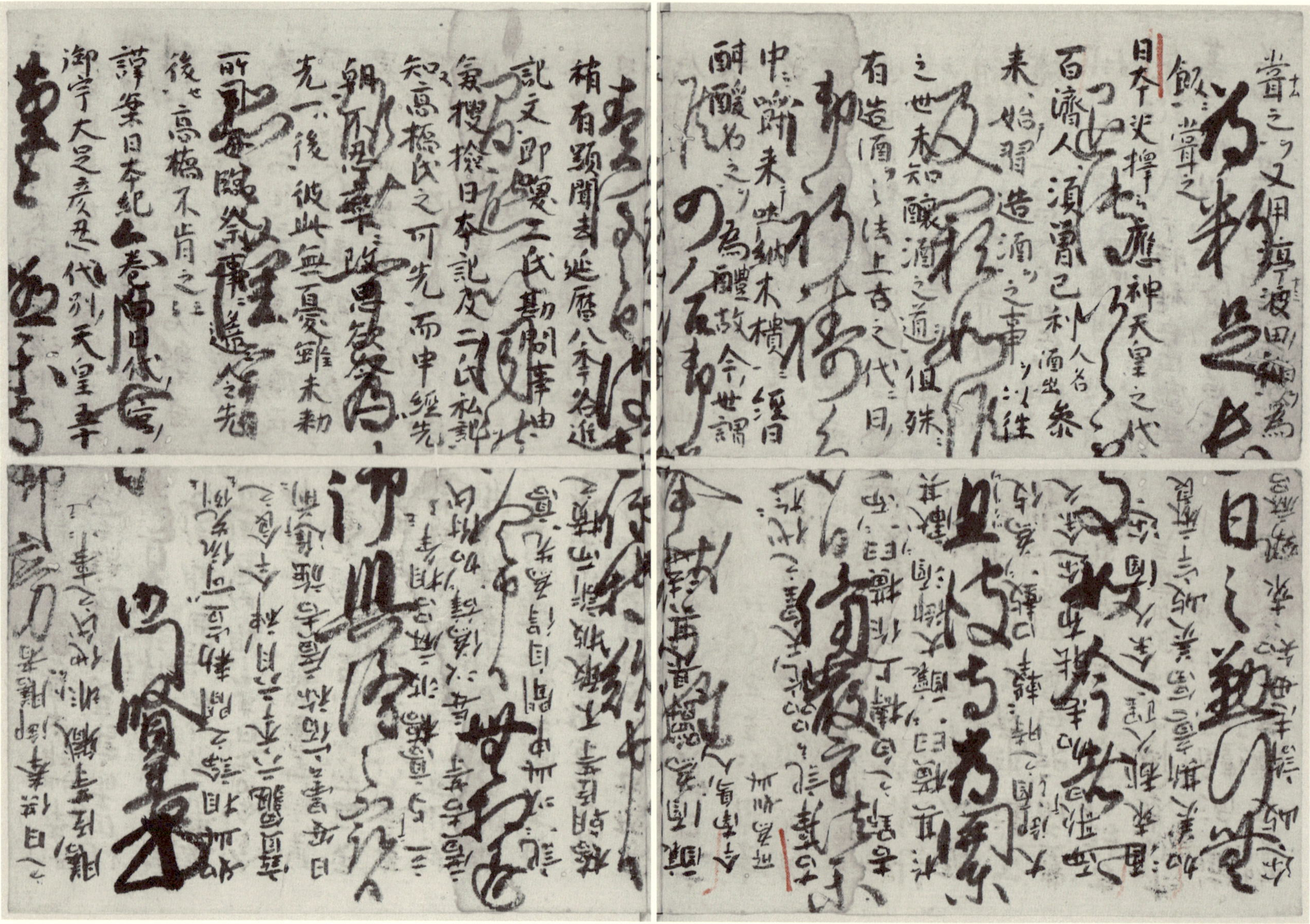

(35ウ)　(34オ)

第10紙

(38オ)　　　　(39ウ)

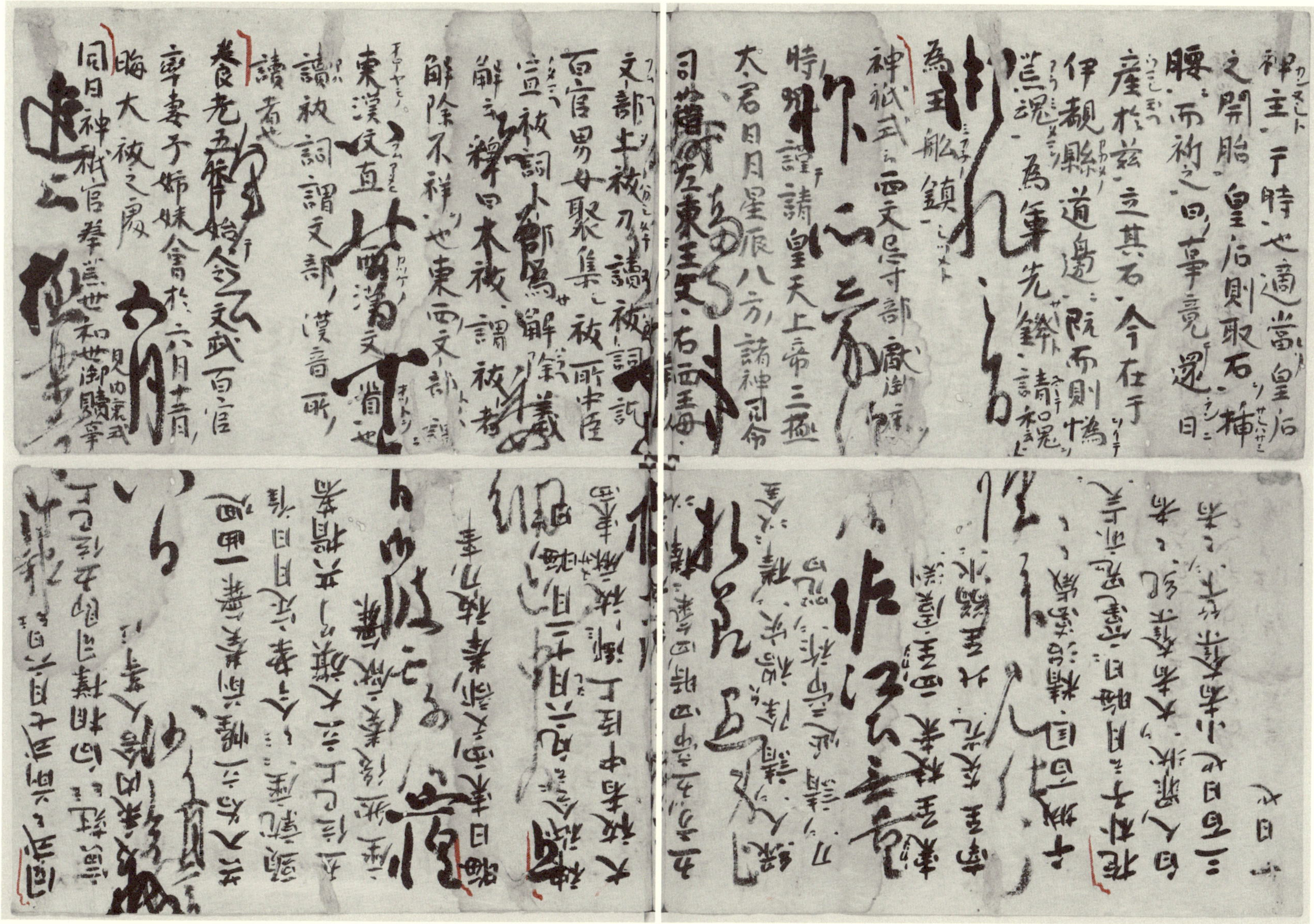

(37ウ)　　　　(40オ)

(42オ)　(43ウ)

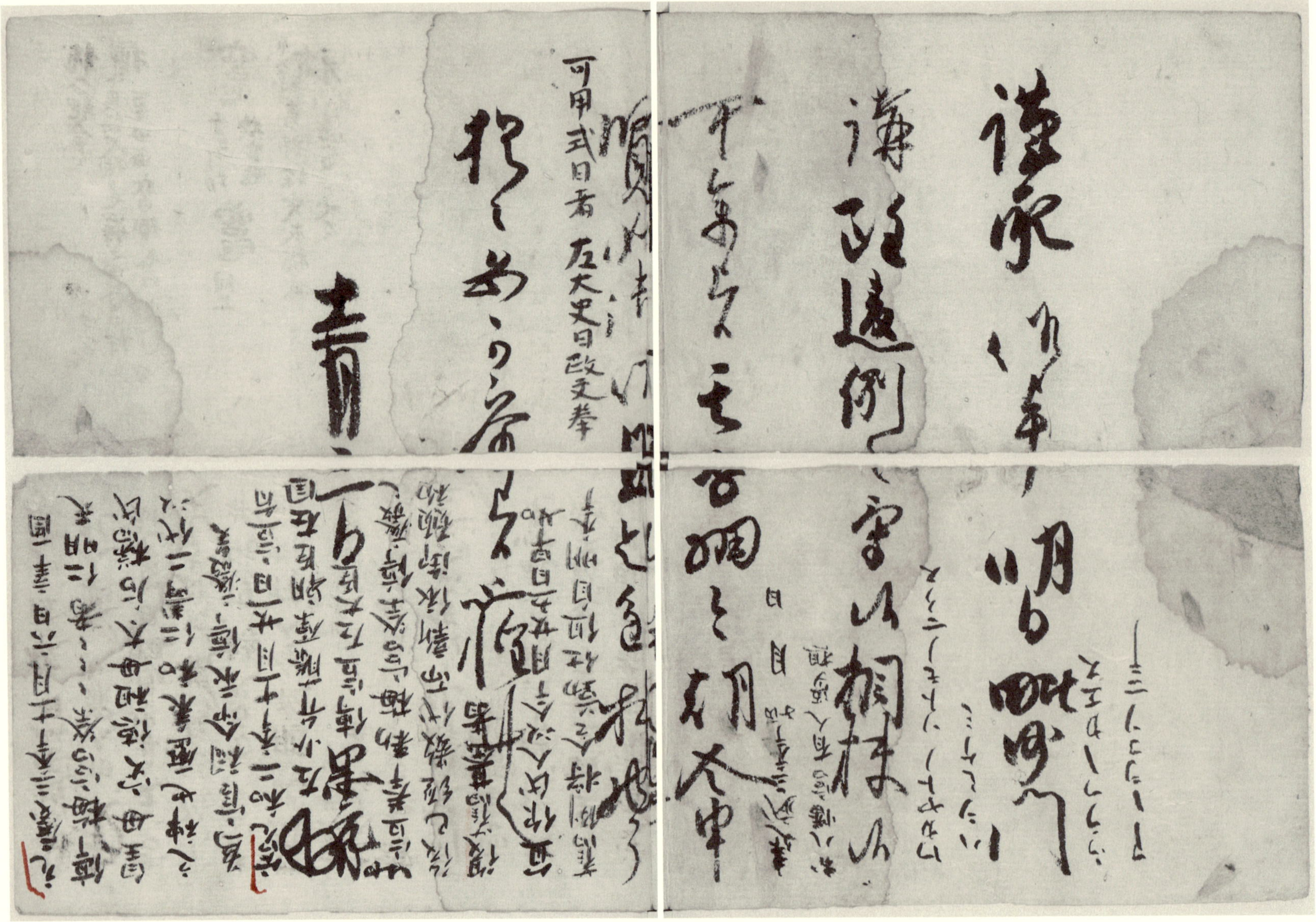

(41ウ)　(44オ)

尊経閣文庫所蔵『本朝月令要文』解説

吉岡眞之

一　『本朝月令』について

『本朝月令』の研究は、和田英松氏が『本朝書籍目録考証』（和田英松A。文末の［参考文献］参照。以下同じ）において要点を的確に記述し、和田氏の没後に森克己氏が校訂を加えて出版した『国書逸文』（和田英松B）の中で収集した逸文が提示されてより、これらを本書研究の基本文献として継承し、発展してきたといってよいであろう。今日では『新校 本朝月令』（清水潔I）を著した清水潔氏による一連の研究がその到達点を示している。したがって本稿での記述も、多くを清水氏の研究に負っている。

『本朝月令』は『本朝書籍目録』に、

本朝月令　六巻　或四巻歟、記年中公事本縁、公方撰、

と見える。これによれば本書の撰者は、『令集解』の編纂者とされる明法家惟宗直本の子で一〇世紀代に明法博士・大判事・勘解由次官などを歴任した惟宗公方（生没年不詳）である。本書の成立時期については明確な徴証がないが、清水潔「本朝月令の成立」（清水潔G）が詳細な考察を加え、その成立は「朱雀天皇朝」（在位＝延長八年［九三〇］～天慶八年［九四五］）が有力であるが、慎重を期して下限を天暦四・五年（九五〇・九五一）まで降すことを提唱している。

本書の内容は和漢の典籍を引用しながら、年中の公事の起源を示したものであり、現存するのは四月から六月までと、『明文抄』『政事要略』『年中行事秘抄』などの諸書に引かれた若干の逸文にすぎないが、もとは六巻もしくは四巻から成る年中行事の書である。本書に引用された書籍には『日本紀』『古事記』『類聚国史』『高橋氏文』『秦氏本系帳』『弘仁式』『貞観式』などの和書、『枹朴子』『捜神記』『荊楚歳時記』『海龍王経』などの漢籍・仏典があり、多彩である。そのうちにはすでに散逸した書物の逸文も少なからず含まれており、貴重である。

藤原明衡（永祚元［九八九］～治暦二［一〇六六］）の『雲州消息』（『群書類従』巻一三八　消息部一）によれば、平安時代中期の頃に「宮内卿源」が所持していた『本朝月令』は『古事記』『官奏事類』などとともに「以㆓秘蔵㆒為㆑宗」とされていたことがうかがわれ、また仁和寺第六世守覚法親王（久安六年［一一五〇］～建仁二年［一二〇二］）の手に成る『釈氏往来』（『群書類従』巻一四二　消息部五）には、「法橋」某が灌仏の導師を勤仕するに当り、その濫觴を知るため、「大輔已講御房」に『本朝月令』の「証本」の借用を申し入れたのに対して、この書は「所㆑得㆓伝曩祖納言自筆之書」であって、「相伝有㆑由秘蔵無㆑極」きものであると返書に述べており、遅くとも平安時代末期までには「秘蔵」の書とされていたことが知られる。この「証本」を所持していた「大輔已講御房」、また「曩祖納言」を特定することは難しいが、この書が守覚法親王撰

の『釈氏往来』に見えることからすれば、それが仁和寺に伝来していた可能性はありうるであろう（清水潔E。後に「前田育徳会尊経閣文庫所蔵「本朝月令要文」の書写とその背景」と改題して、清水潔Ⅰに収録）。

『本朝月令』の諸本についてはすでに清水氏による調査と分類がなされている。清水氏が調査したのは一七種の写本・版本で、それら相互の関係についても写本系統図が示されている（清水潔Ⅰ）。それによれば、現存諸本は前田育徳会尊経閣文庫所蔵『本朝月令要文』と、宮内庁書陵部所蔵九条家本の系統に二分され、さらに後者は東山御文庫本・内閣文庫所蔵紅葉山文庫旧蔵本の系統と、享保年間徳川吉宗収集本の系統に分類されている。清水氏によれば、尊経閣文庫本は建武年間前後の書写、九条家本は建武三年（一三三六）以前の書写であって、ともに現存最古の写本と見なし得るのに対して、これらを除く諸本はいずれも近世以降の新写本である。ここに影印する尊経閣文庫本『本朝月令要文』の史料価値はこの点のみでも極めて高いことがうかがわれよう（なお、私見によれば、九条家本巻末の建武三年二月二十五日の一見奥書は明らかに九条道教の筆跡であり、清水氏の指摘の通り、九条家本がこれ以前に書写されたものであることは間違いない）。

二　尊経閣文庫本『本朝月令要文』について

（1）『本朝月令要文』の書誌

尊経閣文庫本『本朝月令要文』（以下、『要文』と略称）は綴葉装、横長の冊子本一冊。函号は一六―五書。『尊経閣文庫国書分類目録』（侯爵前田家尊経閣、一九三九年）七〇三頁には、

本朝月令要文（巻二）惟宗公方撰　室町初期写

と著録されており、巻二（四月～六月）の記事を抜粋したものである。尊経閣文庫所蔵『極札目録等』七八番に収める「称名寺書物之覚」（前田綱紀の任命にかかる書物調奉行津田太郎兵衛の撰述）に、

一本朝月令要文　無作人　四十二枚　一冊
発端ニ本朝月令要文第二起四月尽六月ト御座候、
可為半本ト奉存候、禁裏公事神社祭礼ノ事ヲ
記申候、反古ノ裏ニ書申候、

と見えており、本体に明徴は存在しないが、本書が金沢文庫の旧蔵書であった可能性は否定しがたいであろう。本文および表紙外題の筆跡、また表紙の「全海」の自署から、鎌倉時代末～南北朝初期の頃に鎌倉の極楽寺・称名寺に住して活動した学僧全海の書写と考えられる。鎌倉における全海の活動については福島金治『金沢北条氏と称名寺』（吉川弘文館、一九九七年）の第三章第二節「鎌倉幕府滅亡期の極楽寺―全海紙背文書の検討―」があり、また『金沢文庫の中世神道資料』（神奈川県立金沢文庫、一九九六年）には全海の書写本についての記述がある。

『要文』は縦約三八・九cm、横約五二・四cmの包紙に包まれている。包紙には「本朝月令要文 古鈔本 一冊」（墨書）のウハ書があり、また「政書ニ入ルヘシ」（墨書）および「藝術㊠ 第五號」（墨書。但シ㊠ハ朱印）の二種の貼紙がある。いずれも近代における分類整理の際に付されたものである。

本体の第一丁オモテは表紙で、左端に「本朝月令要文」との墨書の外題があり、また右端下部には「全海」と墨書している。いずれも全海の筆跡であり、この『要文』が全海の手沢本であることを物語るものであろう。表紙にはさらに右端に、

八十
花ム経第十三巻　問明品第十

於仏法中智為上首

と墨書されており、いずれも『要文』の外題および本文と同様、全海の筆跡と判断される。右の墨書は『大方広仏華厳経』（いわゆる「八十華厳」）巻第十三、菩薩問明品第十に見える「爾時、文殊師利菩薩問智首菩薩言、仏子、於仏法中、智為上首、如来何故（下略）」（『大正新脩大蔵経』第一〇巻　華厳部下［大正一切経刊行会、一九二五年］所収）の引用であろうが、これと『要文』との関係については現時点では不明である。

また第四一丁ウラ～第四二丁オモテには、本文と同筆で梅宮祭の停止に関する『日本三代実録』元慶三年十一月六日条の記事と、その再興に関する寛和二年十一月二十一日の官宣旨が引用されている。すでに清水潔Ｉが指摘しているように、他の『本朝月令』の写本には見えない記事であり、本書を書写した全海が、その関心にしたがって追記したものと見るのが妥当であろう。

次に第四二丁ウラには、本文中の用字の「猟」および「祓」の音義を『龍龕手鑑』により、また「竃」については『大広益会玉篇』により、それぞれ示している。筆跡は『要文』本文と同じく全海のものと見られる。ただし「猟」については『要文』中にその使用は認められず、「六月朔日内膳司供忌火御飯事」に引く『日本紀』『高橋氏文』の中に「欲巡狩」と見えるもの（第三〇丁オモテ・第三一丁オモテ）、また「六月十一日神今食祭事」に引かれた『日本紀』の「巡狩」（第三六丁ウラ）との関連が想定できるが、定かではない。この音義の書入れについても清水潔Ｉに詳しい記述がある。

また第四四丁オモテには、

建武三年丙子　月　日
於八幡宮有人夢想
ワカヤトノ　ソトモノマクス
ハヲシケミ
ウラフキカエス
アキヲコソマテ

という書き込みがあり、この筆跡も外題、本文、表紙の墨書、梅宮祭の記事の追記および右の音義の書入れと同筆と見てよい。この和歌は西行の『山家集』に収められ、『続後撰和歌集』にも入集している

山里はそとものまくず葉をしげみうらふきかへす秋をこそまて

の本歌取かと思われる（翻刻は『新編国歌大観』第一巻　勅撰集編　歌集［角川書店、一九八三年］一二三二番より引用）。この和歌の意義、歴史的背景についても清水潔Ⅰに詳細にして興味深い記述がなされている。

清水氏によれば、『要文』の書写時期は、右の和歌の年紀の建武三年（一三三六）、もしくはそれをさほど遡らないと見なし、建武年間の書写と推定する。その上で、この時期の政治的動向を踏まえながら和歌を分析し、そこに京都奪還を目指して九州から東上しつつある足利尊氏の企図が成功することを望む全海の立場を読み取る。当時、極楽寺末寺は後醍醐軍討伐に当たって用途供給の役割を担い、また鎌倉軍の兵站の機能を有していたといわれるが（福島金治前掲書二四一頁）、『要文』が極楽寺関係の文書を料紙として書写されていることは全海と極楽寺との交流を示唆し、その政治的立場もおのずから明らかであるとする。さらに和歌の年号が「建武三年」であり、後醍醐側の年号「延元元年」（この年の二月二十九日改元）を用いていないことも全海の立場に関連しているという。清水氏の考察にしたがえば、この和歌はすぐれて政治的な意味を含むものということになろう。

（2）『要文』の料紙の復元

『要文』の本体は縦約一五・八㎝、横約二四・九㎝の奉書紙であるが、その料紙は書状を反故して再利用したものである。すなわち、①縦約三一・六㎝、横約四九・八㎝の書状（現状の寸法）を横に切断して二分し、②書状面を内側にして重ね、③これを縦に二つ折りにし、一括とする（左図を参照）。これを一一括重ね、折り目から約一・一㎝内側を二箇所、薄茶色の絹糸を二重にして綴じ、横長に利用して『要文』を書写している。現在の綴じ糸はさほど古いものではないようであり、後に改装されたようである。この再利用に際しては、料紙の寸法を揃えるた

め書状の左右および下端を一部裁ち落としている。なお、綴じ糸の近く、上端から三・七cm、および下端から二・六cmに各一つずつ穴がある。これらの穴は、下は第三三丁オモテまで、上は、虫穴と重なる部分があるので判然としないが、ほぼ第二〇丁ウラまで認められる。しかしいずれも末尾まで貫通していないので、改装以前の綴じ穴とも考えにくく、穴の性格については不明瞭である。

料紙を右のように切断し綴じた場合、『要文』を書写する面は、書状の紙背の白紙の面（a）と書状の面（b）が、a・b・b・a・a・b・b・a……aのように規則的に並ぶ。反故紙を再利用する場合、紙背の白紙の面のみを利用することが多いと思われるが、『要文』では反故紙の利用方法と綴じ方に右に述べたような特色があるため、反故紙紙背の白紙の面のみでなく、文字があるオモテの面をも書写に利用している。このため、書状面に書写する場合はもとより、白紙の紙背面に書写する場合でも、オモテの書状の墨が紙背に強く透き出ている場合には、書状の墨を極力避けるように書写している。

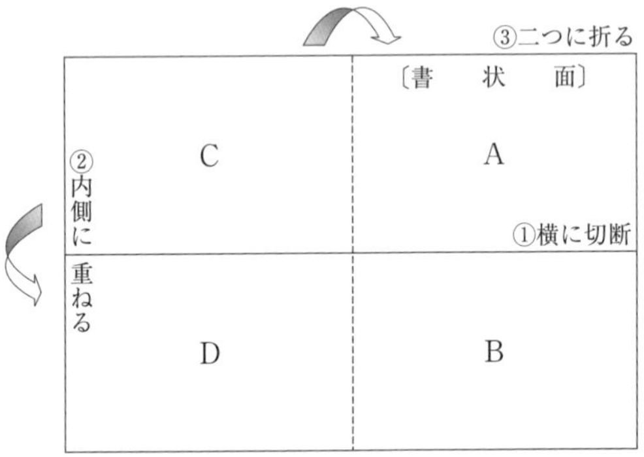

『要文』と末尾の書き入れは第一丁オモテから第四四丁ウラまでの四四面に書写されている。ただし第一丁オモテと第四四丁ウラは白紙で、第一丁オモテは表紙、第四四丁ウラは裏表紙として利用している。これらは前述のように反故の書状を二分して重ね、二つ折りにして使用している。したがって使われた書状は全一一紙である。書状を復元するには、右のような『要文』料紙の独特な作成過程を逆に辿ればよく、それによって書状の一紙ごとの復元ができる。そこでまず書状の各紙と『要文』の関係を『要文』の冒頭から順次整理する。復元した書状は、現状では上掲の図のようにA・B・C・Dの四つのブロックに分かれ、書状の文面はA→B→C→Dの順序で続くことになる。書状の序次を「紙」を単位として「第一紙」「第二紙」などとし、『要文』本文の序次と表裏を「一オ」「二ウ」のように表記すると、書状と『要文』本文の関係はつぎのようになる（前掲参考図版「反故書状の復元」参照）。

第一紙　A＝三ウ　B＝四オ　C＝二オ　D＝一ウ
第二紙　A＝五ウ　B＝六オ　C＝八オ　D＝七ウ
第三紙　A＝九ウ　B＝一〇オ　C＝一二オ　D＝一一ウ
第四紙　A＝一三ウ　B＝一四オ　C＝一六オ　D＝一五ウ

第五紙	A＝一七ウ	B＝一八オ	C＝二〇オ	D＝一九ウ
第六紙	A＝二三ウ	B＝二四オ	C＝二二オ	D＝二一ウ
第七紙	A＝二五ウ	B＝二六オ	C＝二八オ	D＝二七ウ
第八紙	A＝二九ウ	B＝三〇オ	C＝三二オ	D＝三一ウ
第九紙	A＝三三ウ	B＝三四オ	C＝三六オ	D＝三五ウ
第一〇紙	A＝三九ウ	B＝四〇オ	C＝三八オ	D＝三七ウ
第一一紙	A＝四三ウ	B＝四四オ	C＝四二オ	D＝四一ウ

一紙ごとの復元は以上であるが、つぎの作業は一～一一紙を内容にしたがって並べ替え、一通ごとに完成された書状を復元することである。これについては福島金治氏（前掲書）がその多くを復元して翻刻し、『静岡県史　資料編　5　中世二』（静岡県、一九八九年）にも一通が復元されている（一〇三二頁、一七五八号文書）。福島氏によれば、これら書状の年代は、おおむね元徳元年（一三二九）から元弘三年（一三三三）に限定されるという。ここでは主として福島氏の研究および『静岡県史』に依拠することとし、部分的に原本調査にもとづく私見を加味した。書状の一部が他に再利用され、もしくは失われている可能性もあり、これらの各紙を適切に配列したとしても完全な復元ができるとは限らず、また文字の一部が綴目の中に隠れている箇所では残画を判読することが困難な場合があるが、書状の原形はつぎのようになるかと思われる。

第一紙　長崎思元書状

宛所「侍者御中」　日付「卯月二日」

＊前闕カ。日付の「二日」は私見による。福島前掲書（二四一頁）は「卯月□日」とする。

第三紙＋第二紙＋第七紙　小比丘定□（縁カ）書状

宛所「雙照御房」　日付「極月十九日」

＊完結。福島前掲書二四四頁および前掲『静岡県史』（一〇三二頁）に翻刻。『静岡県史』は元徳元年とし、福島前掲書もこれにしたがう。差出の傍注〔縁カ〕は『静岡県史』による。

第四紙　小比丘是□書状

宛所「静妙御房」　日付「八月十一日」

＊前闕。差出の「是□」、日付の「八月十一日」は私見による。

第五紙　某書状

宛所不明　日付不明

＊後闕。福島前掲書二四三頁に翻刻。

第八紙＋第六紙　沙門覚順書状

宛所「静妙御房」　日付「二月廿九日」

＊完結。福島前掲書二四〇頁に翻刻。

第九紙　沙門賢善書状

宛所「極楽寺御房」　日付「六月七日」

＊前闕カ。福島前掲書二四二頁に翻刻。

第一〇紙　沙門朝信書状

宛所「極楽寺御報」　日付「五月八日」

＊完結。福島前掲書二四二頁に翻刻。

第一一紙　長崎思元書状

宛所不明　日付「十二月二日」

＊完結カ。福島前掲書（二四一頁）は静妙房宛とする。

（3）『要文』の内容

尊経閣文庫本『要文』は『本朝月令』の抄出本である。抄出の態度は、神祇・祭祀に関する項目を中心に抜粋している。その項目は左記の通りである。引用史料が属すべき行事項目名、また個々の史料の出典については検討が必要であるが、今は極力『要文』の記載にしたがう。

〔四月〕上卯大神祭（「日本記」〔崇神十年九月〕、「先代旧事本記」）

〔四月〕上申平野祭事（「延喜格」〔貞観十四年十二月十五日〕、「国史」〔延暦元年十一月・承和三年十一月・嘉祥元年七月・仁寿元年十月・貞観六年七月〕、「弘仁官式」、「貞観式」、「国史」〔延暦八年十二月・延暦九年十二月・延暦十年〕）

〔四月〕同日松尾祭事（「先代旧事本紀」、「国史」〔承和十四年六月〕、「口伝」、「秦氏本系帳」、「国史」〔延暦三年十一月・延暦五年十二月・嘉祥二年二月〕、「神名帳」、「国史」〔貞観元年正月・貞観十二年八月〕）

〔四月〕四日広湍龍田祭事（「日本紀」〔天武四年四月〕、「神祇令」〔大忌祭・風神祭〕、「弘仁式」、「神祇祝式」、「国史」〔嘉祥三年七月・仁寿二年十月〕）

〔四月〕中西賀茂祭事（「秦氏本系帳」、「右官史記」〔天武六年二月〕、「神祇令」〔天神地祇条〕、「国史」〔文武二年三月・神亀三年三月・天平十年四月・天応元年四月〕、「或記」〔延暦十二年・又説・大同二年三月〕、「弘仁格」〔弘仁九年五月九日〕、「弘仁神式」、「弘仁内蔵式」、「国史」〔弘仁十年三月・承和十五年二月〕、「貞観主税式」）

〔四月〕奉河合神幣帛事（「〔太政官符〕天安二年八月七日」、「〔太政官符〕延喜元年十二月二十八日」）

〔四月〕廿日奏郡司擬文事（「日本紀」〔孝徳二年正月〕）

〔四月〕廿八日駒牽事（「弘仁馬寮式」）

〔五月〕三日六衛府献菖蒲并花等事（「国史」〔天平十九年五月〕、「弘仁近衛式」）

〔五月〕五日節会事（「風俗通」、「続斎諧」、「月旧記」、「荊楚記」、「海龍王経」、「日本紀」〔清寧四年閏五月・天武九年九月〕、「右官史記」〔太上天皇〔元明〕元年四月〕、「国史」〔大宝元年五月・神亀四年五月・宝亀七年五月〕、「国史」〔大同二年五月〕、「弘仁馬寮式」、「〔国史〕天長九年四月」、「貞観内匠式〔記事ナシ〕」、「〔太政官符〕貞観六年六月一日」）

〔六月〕朔日内膳司供忌火御飯事（「日本紀」〔景行五十三年八月・十月・十二月〕、「高橋氏文」）

〔六月〕同日造酒正献醴酒事（「日本紀」〔神代〕、「日本決釈」〔応神天皇之代〕、「古事記」〔品陀天皇之代〕、「職員令」〔造酒司条〕）

〔六月〕十日奏御卜事（「古語拾遺」）

〔六月〕十一日神今食祭事（「高橋氏文」、「日本紀」〔大足彦忍代別天皇五十三年・誉田天皇三年〕）

〔六月〕廿五日任左右相撲司事（「弘仁官式」、「弘仁中務式」、「貞観中務式」、「同式」）

〔六月〕晦日東西文部奉祓刀事（「神祇令」〔大祓条〕、「養老五年」〔「続日本紀」養老五年七月〕）

〔六月〕同日神祇官奉荒世和世御贖事（「日本紀」〔気長足姫尊九年九月〕、「神祇式」〔祝詞式〔六月晦日大祓〕〕、「枹朴子」、「許慎五経異義」、「捜神記」、「荊楚歳時紀」、「世風記」）

ただし『要文』は『本朝月令』各項目の内容の全てを書写しているのではないのであって、そこには一定の選択がなされている。また神祇・祭祀との関わりが比較的稀薄な項目でも抜粋している場合がある。このような『要文』の事項選択・記事選択の基準、さらには『要文』自体を抄出した企図の解明には、全海の思考全般について検討することが必要であるが、これについてもすでに清水潔Ⅰに検討が加えられており、書写者の全海の関心が神祇祭祀に関する年中行事の本縁・来源を知ることにあったと結論付けている。これに関連して福島金治前掲書には、全海の書写本に『太神宮諸雑事記』『厳島大明神』『宗像記』『長谷寺縁起抄』『四天王寺御手印縁起』などの寺社縁起が存在することを述べ、全海は「神祇信仰を核にした寺社の縁起類に関心をもち、書写活動を行った密教僧であったことがわかる」（二三五頁）と指摘し、また『金沢文庫の中世神道資料』（前掲）には、現在確認できる全海の書写本は、神道関係および縁起類二〇点を含む三四点と指摘されているので、参照していただきたい。

以上、清水潔氏を始めとする先行研究に依拠して尊経閣文庫本『本朝月令要文』の概要を述べたが、不十分な点も少なくない。大方の御教示をお願いしたい。

この度もまた尊経閣文庫の菊池紳一氏には多くのお教えをいただき、同文庫の方々にも大変

お世話になった。末筆ながら厚くお礼を申し上げる。

［参考文献］

岩橋小弥太　A「儀式考」（『上代史籍の研究　第二集』［吉川弘文館、一九五八年］所収）
B「本朝月令」（『群書解題』六［続群書類従完成会、一九六〇年］所収）
遠藤　慶太　「『本朝月令』と『政事要略』―『高橋氏文』の引用文献―」（『高橋氏文注釈』翰林書房
二〇〇六年］所収）
宮内庁書陵部編『図書寮典籍解題　続歴史篇』（宮内庁書陵部、一九五一年）
清水　潔　A「本朝月令と政事要略の編纂」（『神道史研究』二四巻三号、一九七六年）
B「本朝月令逸文考」（『史正』五・六号、一九七八年）
C「本朝月令（校異・拾遺・覚書）」（『国書逸文研究』二号、一九七九年）
D「本朝月令所引の国史」（『皇学館大学史料編纂所報史料』二〇号、一九八〇年）
E「尊経閣文庫所蔵「本朝月令」と建武の朝儀再興」（『皇学館史学』七・八号、一九九三
年）
F「本朝月令の諸本」（『皇学館大学神道研究所紀要』一五輯、一九九九年）
G「本朝月令の成立」（『皇学館大学神道研究所紀要』一七輯、二〇〇一年）
H「『本朝月令』書名考」（『国書・逸文の研究』［臨川書店、二〇〇一年］所収）
I『新校本朝月令』（皇学館大学神道研究所、二〇〇二年）
林　眞木雄　A「『本朝月令』の典拠について」（『神道宗教』一六六号、一九九七年）
B「『本朝月令』所引の月舊記について」（『国学院雑誌』九九巻一号、一九九八年）
細谷　勘資　「本朝月令」（『新訂増補国書逸文』［国書刊行会、一九九五年］所収）
和田　英松　A『本朝書籍目録考証』（明治書院、一九三六年）
B『国書逸文』（森克己発行、一九四〇年）

尊経閣善本影印集成 47-1 本朝月令要文

発行 平成二十五年五月三十一日
定価 二冊組（本体二六、〇〇〇円＋税）
編集 公益財団法人 前田育徳会尊経閣文庫
東京都目黒区駒場四－三－五五
発行所 株式会社 八木書店古書出版部
代表 八木乾二
東京都千代田区神田小川町三－八
電話 〇三－三二九一－二九六九〔編集〕
六三〇〇〔FAX〕
発売元 株式会社 八木書店
東京都千代田区神田小川町三－八
電話 〇三－三二九一－二九六一〔営業〕
六三〇〇〔FAX〕
製版・印刷 天理時報社
用紙（特漉中性紙） 三菱製紙
製本 博勝堂

ISBN978-4-8406-2283-7（47-1） 第七輯 第7回配本

Web http://www.books-yagi.co.jp/pub
E-mail pub@books-yagi.co.jp